售罄·地产精英培训系列

售罄 Ⅰ

100%复制地产销售冠军

邓小华◎著

白金版

中国经济出版社
CHINA ECONOMIC PUBLISHING HOUSE
·北京·

图书在版编目（CIP）数据

售罄Ⅰ：100%复制地产销售冠军/邓小华著.
—北京：中国经济出版社，2013.1（2021.9重印）
（地产精英实战系列丛书）
ISBN 978-7-5136-1968-4

Ⅰ.①售… Ⅱ.①邓… Ⅲ.①房地产—销售—技术培训—教材 Ⅳ.①F293.35

中国版本图书馆CIP数据核字（2012）第241478号

责任编辑　葛　晶
责任印制　马小宾
封面设计　任燕飞装帧设计工作室

出版发行　中国经济出版社
印 刷 者　北京力信诚印刷有限公司
经 销 者　各地新华书店
开　　本　710mm×1000mm　1/16
印　　张　17.5
字　　数　264千字
版　　次　2013年1月第1版
印　　次　2021年9月第23次
书　　号　ISBN 978-7-5136-1968-4/F·9509
定　　价　39.80元
广告经营许可证　京西工商广字第8179号

中国经济出版社　网址 www.economyph.com　社址 北京市东城区安定门外大街58号　邮编 100011
本版图书如存在印装质量问题，请与本社销售中心联系调换（联系电话：010-57512564）

　服务热线：010-57512564

香港的地產從業員空有实践經驗，却不善於把經驗上升至理論層次。這方面大陸做得比香港好。鄧小华先生所著的《售盤》已顯出為学日益的功力，將來當可发展成為道日損。祝鄧先生的新作很快可以面世。

施永青
10/12/07

序言

攀登巅峰的良师益友

最近，我拜读了邓小华的大作《售罄Ⅰ：100%复制地产销售冠军》，深感是一本全面、系统总结实践经验，并处处闪耀着唯物辩证思想智慧的好书。特向业界推荐，相信它会成为朋友们攀登事业巅峰的“良师益友”。

人们都渴望成功，成功就是向着自己选定的崇高目标，不懈地攀登，直至光辉的顶点。

毫无疑问，房地产业是一座千千万万有志者正在奋力攀登的事业高峰。这当然是因为房地产业是社会财富不断积累的庞大容器，对经济发展和社会发展都有着极端的重要性、广泛性、综合性和特殊性。广义的房地产是不动产，包括全部土地及其之上的建筑物、构筑物和附着物。不可移动且资产数量特别巨大，是不动产的突出特点。在我国现行法律制度下，在加快建立社会主义房地产市场经济体制的同时，不动产是以行政管理为主导，产权管理为核心，法律调整为主要手段的。难怪有人说，整个社会几乎都是围绕不动产展开的。

房地产销售，是房地产业这座巅峰上最重要的制高点之一。任何房地产开发公司的老总，依法取得项目的国有土地使用权之后，精心组织的一切生产经营活动，几乎都是围绕顺利实现销售目标展开的。销售理想，兴高采烈；销售受挫，坐卧不安。至于已成为重要组成部分的二手房市场，房地产销售更是房地产公司的核心业务。客观地讲，无论一手房，还是二手租售，要想顺利实现理想的销售业绩，谈何容易？销售是什么？是最大限度地满足客户的需求。购买房地产商品的客户需求是什么？记得我曾试图将非常复杂的房地产问题简单概括为产权合法、质量达标、面积准确、按时交楼、兑现承诺、收费合理、及时办证、物管周到。任何购房者，只有当他对上述八个方面都毫不含糊地得到可以信赖和满意的承诺时，才会确定自己的购买意向，达成交易。上述八个方面，既是对开发企业最重要的、必须达到的基本要求，同时也在现实销售中对房地产销售人员提出了极高的要求和挑战。

怎样才能成为一名成功的房地产销售人员？认真阅读、消化并努力实践本书所讲内容是一个有效途径。例如，书中第七章是“比卖出楼更重要的是诚信”，我就非常赞成。这正是本书的一大特色，强调人品第一，能力为重，真正得到客户在品德和专业上的充分信赖是成功的关键。记得我在《从广州看中国房地产经纪业的特点和发展趋势》的文章中，曾提出对房地产中介人才总的要求是，诚恳正直，乐于助人；专业诚信，追求效率，这和本书着力追求的目标是完全一致的。

通读全书，我觉得读者朋友们不妨把这些房地产销售技巧看作登上事业巅峰的一级坚实的阶梯和帮助您在攀登中排除千难万险的锦囊。在当今社会，任何事业的成功，首先是做人的成功。

是为序。

金贻国

2006 年 8 月 8 日

于北师大珠海分校不动产学院

自序

从售楼精英中来，到售楼精英中去

成为一个房地产销售人员很容易，但要成为一名顶尖售楼员却不是一件简单的事。特别是在竞争激烈、变幻莫测、不确定的房地产市场环境中，要想脱颖而出，更需要不断地提升自我。

在我十年的房地产销售、研究及管理工作中，屡屡有把这些精英们创造售楼竞争优势的不二法门总结出来的冲动，打破门户之见而放之于四海，让更多的人少走弯路、直线成功。我想光凭一己之见不免有些局限性，所以历时一年多，深入走访研究广深两地20余位地产销售冠军，终于得以脱稿。

在实践中，我也有意将成功的模式进行有针对性的复制，并加强了对下属及学员们学习后的实际效果监测。让我欣慰的是，这些提炼出来的售楼技巧的确帮助不少人成为售楼精英，我确信也一定能够帮助到你。

在我们的售楼生涯中，懂得一招半式的销售技巧很容易，但要真正掌握一套系统的售楼必杀技却非易事。许多人穷其一生也未必能领悟成功售楼的真谛。

这是一本非常实用的工具书，讲授了一套系统的售楼技巧，内容涵盖了售楼人员在销售过程中遇到的各类情况及其应对技巧。书中许多具有创意的售楼方法都是售楼精英们的智慧结晶，让你在最短时间内可以吸收近百位售楼精英们的“毕生功力”，从而迅速迈向售楼巅峰。

写本书不是目的，通过本书写出售楼过程的众多规律才是目的；读本书不是目的，通过本书读出售楼精英的真谛才是目的。书中列举的应对技巧都是可以举一反三的，需要你反复去学习、思考、运用，并时刻抱有“读万卷书，行万里路”的实践精神，超越对售楼技巧的简单克隆。

此外，无论在读前或是读后，你都不要抱着“我都懂”的危险心态，那会令你故步自封，无法接受新的观念和想法，只能让你停滞不前，无法站稳脚跟，最终被淘汰。

邓小华

2012年10月20日于广州

目录

激励篇

人类因梦想而伟大！如果你的目标是瞄准太阳，就一定不会只带回一把尘土。因此，一开始你就必须心存高远；一开始你就要种下售楼冠军的种子；一开始你就要装下整个售楼冠军的世界。那你，一定会成为售楼冠军！

准备篇

不蹲马步，何以笑傲江湖。要想成为售楼冠军，就必须先锤炼出售楼冠军的DNA，就必须按照售楼冠军的思维模式不断要求自己，就必须塑造自己的冠军特质。这一切都验证了那句真理："准备是成功之母。"你要成为售楼冠军，就要把自己准备成售楼冠军的样子。

礼仪篇

你的形象价值百万！售楼冠军一进门，我们就看得出来。你必须看上去像个房地产专家，你的形象、仪表、笑容、声音、肢体带出的一举一动，无不表明你的专业及热情。你良好的形象可以传递信心，可以感染情绪，可以让人乐意掏腰包。

需求篇

世界上没有卖不出去的房子，只有找不准需求的置业顾问。抓住顾客的需求，就好比拧开成交的水龙头，成交将源源不断流出来。如何利用售楼语法和需求鉴定公式，有效地掌控顾客需求的关键按钮，成就巅峰售楼。

看楼篇

如何在带看楼中化腐朽为神奇，为成交创造机会；如何在带看楼中有效解除抗拒，轻松引爆顾客购楼情绪；如何在带看楼中巧妙介绍房屋优缺点，让顾客也为房子疯狂。强效把控好看楼前中后，让顾客不断体验，不断陶醉于看楼途中。

谈价篇

商业的最高境界就是谈判，谈出来的就是纯利润。在房屋买卖中，如何让业主满意，如何让买家开心，更为重要的是让自己收足佣金，这是一门最具艺术的活动，需要置业顾问的商业天赋。有效把握房屋谈判中的十大规律，定能大大提升谈判效率。

成交篇

没有成交，一切都是不可能。在商业营销活动中，成交高于一切！如何把控成交关键点，将顾客一网打尽；如何识别成交信号，拿捏最佳售楼时机；如何运用销售必杀技，创造售楼奇迹。十三个房屋售罄兵法，助你创造售楼神话。

服务篇

顾客拒绝是家常便饭，唯有自己是优质弹簧，修复能力才会最强。我们必须主动接近顾客，必须全心全意为顾客服务，方能插上售楼的翅膀。如何解除顾客的拖拉；如何让顾客记住你，为你转介绍；如何让顾客欣赏你，信任你。九大售楼服务公约带你进入售楼四维空间。

激励篇

第1章 锤炼第四代售楼精英

所有顶尖运动员都会利用最先进的方法及技巧来训练和完善自己，以使他们在世界级的竞赛中取得优势。在世界级的竞赛中，胜负往往在厘米、毫米，抑或秒、毫秒之间，而顶尖的售楼运动员亦同样需要运用最先进的售楼方法及售楼技巧来改善及提高自己，使自己能够决胜于置业者买与不买的一瞬间。要利用、学习最先进的售楼方法及技巧，就必须先了解什么是最先进的售楼方法及技巧。

什么是最先进的售楼方法及技巧？为了更加简单地说明这个问题，下面就用这个大家都熟悉，但却未必真正参透的“把梳子卖给和尚”的故事来形象阐明房地产销售技术的过去、现在及将来。

有一个公司为了招聘优秀销售员，给四个应聘者出了一道考题，要求他们把梳子销售给庙里的和尚。第一个推销员接到任务后，心里嘀咕道：“和尚没头发，梳子是梳头发的，要把梳子卖给和尚那是不可能的，哪怕是送一把给他们，要是哪个和尚从腰里掏把梳子出来，也会有‘花和尚’之嫌，所以要把梳子卖给和尚是绝对不可能的。”结果他一把梳子也没卖出去。第二个推销员也一直在思考梳子与和尚的关系，给梳子与和尚画上不等号，但后来他想到梳子可以挠痒，胖和尚手不够长，可以用梳子来挠背，此外，梳子除了梳理头发，还可以按摩头部，疏通血脉，老和尚如果经常用梳子梳梳头，念经之时就不会打瞌睡了。于是，他就以胖和尚和老和尚为目标顾客进行了推销，不停地向胖和尚及老和尚强调梳子挠痒及疏通血脉的功能，终于有一位老和尚接受了他的产品。第三个推销员接到任务后，没有急于推销，他先进行了一番调查，结果他发现一般的庙都是建在山上，来庙里上香的香客经过长途跋涉，往往衣冠不整，特别是山中腰的山风，吹得香客们的头发凌乱。于是，他想到如果能在庙里各个梳洗的地方提供一两把梳子，对香客来说是很方便的。而后，他找到庙里的后勤负责人，把他的观察及想法告诉了这个负责人，结果，他卖出了100把梳子。第四个推销售员是个超级推销员，他也不急于推销，而是在庙里进行了长达一个星期的观察，通过观察和思考，他发现一个问题，现在人们的生活水平不断提高，人们除了去庙里上香之外，也经常外出旅游，旅游时人们经常带些纪念品回去，到庙里上香，捐献香火钱时，庙里却没有任何合适的纪念品馈赠给香客。于是，他想出一个办法，在梳子上刻上三个字“积善梳”（人们上香及捐香油钱的念头无非是想积德行善），当人们向庙里捐香油钱时，赠送一把“积善梳”给香客，香客回家后，天天早上梳完头放下梳子就会看到“积善梳”三个字。同时，就会联想起这间庙，这种联想势必让他产生下一次再来捐香火钱的想法，同时，也加大了他向亲戚、朋友及同事推荐这间庙的可能性。送出一把小梳子，有所花费，但庙里的收入会因此大大提高。于是，他找了一间香火不太旺盛的庙，并找到庙里的方丈，见面第一句话就问方丈：“我有个方法可以让你庙里的香火旺盛三倍，不知道你有没有兴趣了解一下？”本来就为庙里香火头痛的方丈一听，自然非常有兴趣，并表现出急切想知道的表情，这位推销员就把他的观察及解决方案跟这位方丈说了一遍，于是，他得到了一张购买1000把梳子的订单。

其实，这四位推销员恰好代表着房地产市场中的四代销售人员，第一位及第二位代表的是以“房地产”产品为中心的销售技术，第三位及第四位代表的是以“顾客”为中心的销售技术。以“产品”为中心的销售导向型销售方式强调产品本身，主要靠销售人员将记忆中的内容像装“罐头”一样强行让客户接受。这种独白式的销售方式有时也叫成批销售，销售的完成主要依靠销售人员的个人能力。以“顾客”为中心的客户导向型销售方式强调客户的需求，通过与客户的交流寻求客户的真实需求，以解决客户的需求为最终销售目的。当然，这两种不同导向的销售方式（四代房地产销售人员）并存于今天的房地产销售市场，都起着不同程度的销售作用，只是在我国房地产的不同发展阶段，由不同导向的销售人员主导房地产销售形式。

第一代房地产销售形式——被动式“坐销”。

这种房地产销售形式是房地产卖方市场的主要销售形式，销售人员根据自身产品单向与置业者沟通，置业者口头说需要什么样的房屋，就寻找与之相似的产品，当置业者说不买时，就认为置业者不可能买，他们从不了解置业者的购买动机，从不主动解除置业者的购买抗拒。他们忽略了置业者不是专业购买者，有时对自己的需求是描述不清楚的。他们就像故事中的第一位推销员，经常用“不可能”来结束一位顾客的购买行为。这种房地产销售形式无论在我国房地产业刚刚起步阶段，还是房地产卖方市场都非常普遍。当然，今天的房地产销售市场仍然有不少这样的售楼员存在，他们共同的特点是戴着有色眼镜看待置业者，“挑剔”是他们的拿手好戏，这些售楼人员业绩普遍不太好。

第二代房地产销售形式——通过产品“功能” 提高销售。

故事中第二位销售员，他通过挖掘梳子的挠痒及疏通血脉的功能，成功地把“不可能”的业绩提高到一把。第二代房地产销售人员也正是这样，通过挖掘房地产的各项“功能”来提高销售业绩，“房地产不等于钢筋加水泥”就是这一代房地产销售形式的中心思想。售楼员推销房屋时主要从地段、朝向、户型、周边配套、小区环境等入手，单向地向置业者们推荐他们手头的房屋，在整个销售过程中，售楼人员扮演房地产产品解说员的角色。

第三代房地产销售形式——通过“服务” 提高销售。

第三位推销员观察到香客需要梳洗这个问题，通过提高庙里服务水平而获得销售提高。销售过程以顾客为中心，发现顾客需求，并服务于顾客。第三代房地产销售形式也正是这样。当房地产进入买方市场时，房地产的销售开始转向以置业者为导向，销售过程中买卖双方开始加强沟通，充分挖掘客户需求，产品设计越来越人性化，市场细分不断升级。售楼人员在推销过程中也不再唯“地段论”，大盘、超级大盘的出现不断弱化了“地段论”。目前，这种通过“服务”提升销售的形式得到了肯定及提倡，并在房地产销售领域得以不断升级及推广，房地产领域正悄然进行着一场服务争夺战。

第四代房地产销售形式——通过“双赢” 思维提高销售。

第四位推销售员通过观察发现，庙里有纪念品馈赠这个潜在需求，并通过改良梳子来满足这个需求，不仅为庙里增加香火钱，也使自己获得了销售上的极大成功。从某种意义上可以说，他在提高庙里业绩的同时推销了他的梳子，他的动机是帮助庙里提高业绩。第四代房地产销售形式正是这样，在帮助客户解决问题的同时销售了自己的房子。这种销售形式的产生得益于生活方式、概念地产、文化地产等概念销售的流行，房地产销售技术更注重与客户的双向沟通和对客户需求的充分挖掘。

“发现需求，满足它；发现问题，解决它”，是这种房地产销售形式的高度概括，灵活运用它则可以产生戏剧性的功效。下面这则案例就使用了四种不同的销售形式进行销售，效果大不一样。

一对香港夫妇在内地设厂，准备到某小区购置一套三房住宅，理由是该小区住户可就近入读某知名小学，非地段生入读需要另交择校赞助费 7 万元，他们正好有一个小孩需要读小学。“孟母之心”驱使他们来到该楼盘看了三次，最后选定一套非常满意的大三房，所有折扣打完后，房款为 52 万元。就在准备下定之时，细心的丈夫多问了一句：“我的小孩是香港户籍，我们买这里的房子后，小孩入读这个小学是否可以免交 7 万元择校赞助费?”由于户籍政策的限制，非本市户口一律要交赞助费，售楼小姐遵守诚信守则，告诉他们不可以免交。当家作主的妻子，立即把准备交定金的 1 万元放回了包里，大声说道：“这样啊，不能免 7 万元，那我们不买了，我们现在有一套三房，够住了，反正买与不买这里，小孩入读这个小学都要交赞助费，干脆我们就让他住校好了，每个星期一早晨用车送他过来，星期五接回去就行了”，并且态度非常坚决。那这对夫妇到底会不会再买这套三房呢？

如果第一代售楼人员遇到这种情况，肯定认为“不可能”了；第二代售楼人员也会因“买房免 7 万元择校赞助费”这一功能的丧失而无能为力；第三代售楼人员也不可能再用服务打动客户。

我们用第四代售楼人员的眼光来分析一下这个案例不难发现，这次销售过程有这样两个事实：一是这对夫妇有购买这个楼盘的能力；二是他们喜欢这个楼盘，有购买欲望。既喜欢，又有能力购买，可阻碍他们购买的唯一障碍是“小孩入学不能免 7 万元择校赞助费”。其实，这对夫妇购房最主要（原始）的目的是为小孩读书，并不是为了省 7 万元赞助费。于是，这位聪明的第四代售楼小姐很快找到问题及需求所在，一阵寒暄之后，就谈到小孩教育问题。她说：“小孩子小时候最好同父母住在一起，这样有利于小孩性格的养成；小孩长时间不同父母在一起，会得不到足够的母爱、父爱，这样不利于小孩性格的养成。”这对夫妇恍然大悟，为了小孩读书，52 万元都愿意出，却为了 7 万元忘记了自己购房的真正初衷，于是紧抓 1 万元定金的手又高兴地伸了出来。

房地产巅峰销售需要售楼人员从第四代销售思维出发，设身处地以双赢思维帮助置业者切实解决问题，同时，也要熟悉楼盘，做足服务功课。我们在做企业内训时，会要求学员如实填写《售楼人员销售行为检测表》，以此发现学员不足，并定制个性化方案指导学员加以改善；在做项目顾问时，会协助企业编制《楼盘销售脚本》，解答楼盘销售中可能出现的问题，使之轻松实现“双赢”。本书主要针对顾客导向型售楼技术进行讲解，希望对广大读者有切实帮助。

第2章
世界上最伟大的售楼定律

为什么有人可以连续3年平均每天卖一幢房子？为什么有人可以连续12年平均每天销售6辆汽车？为什么有人可以在1天之内完成全年的销售额定指标？到底这些销售冠军们有些什么特质呢？

汤姆·霍普金斯（Tom Hopkins），美国报刊称他为“国际销售界的传奇冠军”，是房地产业务员单年销售量的吉尼斯世界纪录保持者，连续3年平均每天卖1套房子，3年内赚到3000万美元，27岁就已经成为千万富翁。30多年前，他大学辍学，在建筑工地以扛钢筋为生，不过他始终相信世上一定会有更好的谋生手段，并开始尝试进入销售行业。在初入销售界的6个月，他屡遭败绩，穷困潦倒。在他销售房屋的前90天，才挣了150美元，于是他决定把最后的100美元积蓄投资到一个为期五天的培训班上。没想到这五天的培训成了他生命的转折点，在之后的岁月中，他潜心钻研心理学、公关学、市场学等理论，凭着自我教育和毅力，结合现代推销技巧，在较短的时间里获得了惊人的成功。

乔·吉拉德（Joe Girard），49岁便退休了，那时他连续12年平均每天销售6辆汽车，被载入吉尼斯世界纪录，成为“全世界最伟大的推销员”。35岁前的乔·吉拉德是个全盘的失败者，他患有相当严重的口吃，换过40个工作，仍一事无成。1963年，35岁的乔·吉拉德的建筑生意失败，身负巨额债务，几乎走投无路。他去卖汽车是为了养家糊口。第一天他就卖出了1辆车。掸掉身上的尘土，他咬牙切齿地说："我一定会东山再起"，他对自己的付出从来没有满意过。3年之后，乔·吉拉德以年销售1425辆汽车的成绩，打破了汽车年销售量的吉尼斯世界纪录。从此，乔·吉拉德被人们称为"世界上最伟大的推销员"。

我经常听到一些业绩不太好的售楼人员抱怨自己不是做房地产销售这块料，说自己口才差、外形不好、不具亲和力等。在他们的心目中，售楼冠军都是天生的，只有口才好、外貌好、有亲和力的人才适合房地产销售工作，换句话说，售楼冠军都是销售天才，仿佛有些人一生下来就可以在其额头贴上"售楼冠军"标签似的。但从上述世界级销售冠军们的事迹中可以看出，事实并非如此，他们的成功并不是神秘莫测、遥不可及的。

为什么这些外貌平凡，状况与普通人那么相似，甚至更加悲惨的人能够取得如此之大的成功？相反，为什么有些外貌极佳、口才一流，极具销售潜质的人在其推销生涯中却是那么黯淡无光？如何才能成为顶尖推销员呢？到底这些销售冠军们是怎样炼成的呢？

经过众多世界级销售冠军的研究以及对近百位售楼冠军的走访调查，结合近年来自己的房地产销售工作实践，我发现这些销售（售楼）冠军们都遵守着一个伟大的销售定律，当我们把这个定律运用到自己和自己的团队以及学员身上时，运用者的销售技能均取得了突飞猛进的提高。这个伟大的心理法则就是苏格拉底的"因果定律"，它被称为影响人类命运的"铁律"，也就是我们常说的"种瓜得瓜，种豆得豆"，你种下什么"因"就会得到什么"果"。那么，在房地产领域里，售楼冠军及金牌经理们种的又是哪些"因"呢？

大家熟悉的电影巨星阿诺·施瓦辛格有着健美的肌肉与身材，你大概会这样说："哇！他太幸运了，天生就有这么棒的身材！"其实他是经过20多年，花无数小时锻炼才得到这样魔鬼般的身材的。他与我们一样，也只有639块肌肉，但他付出了我们无法想象的努力，才使肌肉状况变得与我们不一样，从而得到他应得的回报。同样，你与所有的售楼冠军及金牌经理们都一样，有着相同数量的售楼"心理肌肉"，只是他们投入了更多的时间、努力及汗水，不停地改善他们的售楼"心理肌肉"状况而已。你可以像阿诺或其他人用运动来锻炼身材一样，利用心理练习来锻炼你的售楼“心理肌肉”，利用更多的学习及工作提升你的地产专业水平，利用培训及模仿售楼冠军来增进你的售楼技巧。只要你“种”得越多，收获也就会越多。

售楼冠军之所以成为冠军，首先他们种下了“更多行动”的“因”，他们不会用售楼失败的次数去评定自己，而是以售楼成交的次数来评定自己。他们售楼成交的次数是与他们能够承受售楼失败以及不断尝试楼盘成交的次数成正比的。为了更好地理解这句话，我们简单回顾一下小时候就非常熟悉的“阿凡提吃馒头”的故事：阿凡提吃到第十个馒头时，终于吃饱了，他很后悔，心想，早知道是这样，就直接吃第十个馒头，前面九个馒头的钱都省了。这看起来是个笑话，但其实类似的想法大量存在于售楼人员头脑中，当带到第十个客人看楼时才成交，于是，不少售楼人员会想，早知道，就直接带第十个客人看楼好了，省了带前面九个客人看楼的时间；抑或是当客人选择了带看的第十套房时，不少售楼人员也会产生“早知道”的想法。售楼冠军们则完全不同，他们用更多的承受失败量及尝试成交的行动次数，来提高他们售楼成交的次数，直至成为售楼冠军。

此外，售楼冠军们特别注重学习，他们通过持续不断的训练及学习，掌握更多、更全、更新的售楼技术及技巧。想要拥有某人 20 年的售楼经验，有两种途径：

一是与某人一样，花 20 年的时间去实践并总结；

二是用几天、一周或一个月去学习他的实践总结，从而迅速拥有同样的经验。

要迅速改变你的售楼技能，必须从改变你的脑袋开始，投入多一点时间、金钱和努力在你的内心，美好的事情会被你吸引而来。正如本杰明·富兰克林所说：“用钱袋里的铜板去填满你的内心，你的内心会把你的钱袋注满黄金。”站在售楼冠军的肩膀上不断地学习，你就是下一个成功者！你就是下一个冠军！

第3章 寻找售楼冠军“指南针”

热水器坏了，花50元去维修，我们会立即行动，毕竟那是生活必需的。

售楼技巧不行，你愿意付出时间、精力去改善和提升吗？“售楼冠军”是你生活的必需品吗？

有一次，在我的培训课上，从近200人中我发现坐在第一排的一位先生有点眼熟，我跟自己打赌，他不是第一次参加我的培训课程。于是我就去问他，他说这是他第四次参加我的课程了。我问他：“你这次是带你的全部手下来参加吗？”他告诉我：“我现在是公司里的顶尖售楼代表，已升为一个分店的店长，在公司里也算能说得上话的人了。我告诉我的每一个手下课程信息，并鼓励他们都来参加，但是由于公司没有培训经费，所以，只有几个同事一同前来，他们都是一流的售楼人员，每次都如此，而那些最需要来的售楼员都没有来。”

这使我想起一个问题，假如你家里用来洗澡的热水器坏了，要花50元去维修，或彻底坏了，需要花几百元去换个新的，你会说“我修不起”或者说“我买不起”吗？我相信人人都会花50元去维修或花几百元去换个新的，因为热水器是我们生活必需的。但是掏几百元参加培训或掏几十元买本书回去学习，不断提高自己的售楼技能，对不少售楼人员来说则是不太容易做到的，因为“售楼冠军”一词还没有成为他们生活中的必需品。

这正是售楼冠军与非售楼冠军的最根本区别，冠军们从来不会说我没钱参加，而是说我怎样才可以参加；售楼时，冠军们也从来不会说这个楼盘做出来，肯定不会有人买，而是说如果这个楼盘热销的话，我应该怎么做。非冠军们总是看到机会后面的问题，而冠军们总是看到问题后面的机会。

“必需品”，对，你一定要把“售楼冠军”作为自己生活的必需品。在你的内心深处做个决定——我一定要成为售楼冠军，记住是“一定要”，而非“想要”。如果你不把它当成必需品，仅仅是“想要”的话，我劝你跳过这个章节，因为下面被喻为“售楼冠军指南针”的自我策略规划会令你很痛苦，令你的内心处于矛盾之中。不过，话又说回来，如果你决定不成为售楼冠军，那么你就决定去受苦吧！因为一事无成更让人恐惧。

“我们每个人心中都有梦，有的人希望能过高品质的生活，有的人则希望能改造这个社会，然而因为生活中的诸多挫折和日常琐碎，许多人的梦就此缩水，甚至再也提不起劲儿去实现。各位可知道，当没有了做梦的念头，人生也就注定永远不会成为赢家。”这是潜能专家安东尼·罗宾斯说的一段话，你是不是觉得很有道理呢？

不少售楼员也曾经把成为“售楼冠军”当作自己的梦，但售楼工作中的屡屡受挫，以及生活和工作中的众多不如意，让昔日的冠军梦早已不知存于何处。那么，到底是什么左右了我们的成功呢？

试想，你要射箭，如果连箭靶都看不见，又如何射中被命名为“售楼冠军”的靶心呢？很多人有“想要”的念头，却没有给自己达成的时限和“一定要”的决心，这就跟看不见的靶心一样，是无法实现的。有的人有了具体的目标及实现时限，但无具体的实现步骤及相关的策略，就好比要去某人家里，知道他住在哪里，但不知道路线，导致自己在原地兜圈子，抑或有进步，却前进得很少。如果我们掌握了去某人家的所有路线，就可以比较不同的路线和使用的交通工具，从而选择正确的路线及使用正确的交通工具，以便用最短时间抵达某人家里。如何选择正确路线及正确方法到达“售楼冠军”之家呢？这就需要使用自我目标策略规划。最简单、最有效的自我目标策略规划就是 GOSPA 模式，正确地使用 GOSPA 将确保你的每一分努力都获得最高的回报。

GOSPA 模式中 G 代表目标（Goals），O 代表目的（Objectives），S 代

表策略（Strategies），P 代表计划（Plans），A 代表行动（Activities）。本章主要从宏观上概括这个模式，许多具体的策略及分析方法、个案将在后面章节详细介绍。

在做个人目标策略规划时，先要做一个自我分析，也就是搞清楚“我是谁”“我从哪里来”的问题。清楚地分析自我状况，从事售楼工作的优劣势如何？如何利用自己的优势？如何弥补自己的劣势（比如，可以通过学习、交好的朋友、参加培训等提升自己）？自己哪些地方做得很好？还有哪些地方可以改进？由于我们对别人给予的评估及批评特别敏感，不少人甚至特别不愿意上级经理同自己一起去看楼，不愿意让经理趁机在旁边观察他，因为中国人特别爱面子。因此，你就更需要好好做自我分析，通过自我分析，清楚地看到自己的过去、现在及未来的生活和事业。当你清楚自己过去的情形及其原因、目前的状况及其应对以及未来想要的生活时，你在做个人目标策略规划时就更能把握重点。

根据自我分析，你要设定一个房地产销售生涯的整体目标及阶段性目标，即长期目标、中期目标、短期目标。此外，你一定要清楚你设定目标的目的是什么，目的比目标更重要，它是你达成目标的原动力。也就是说，你必须清楚你达成目标后的生活会是什么样的，这种生活正好是你想要的，这样，你对目标之追求就会特别渴望。此外，你设定的目标一定要具体，比如，你以“售楼冠军”作为目标，那你一定要清楚地知道，售楼冠军必须达到什么样的业绩，并给自己一个达到业绩的时限（即达成目标的时限），把这个时限划分成若干个小时段，每一个时段你必须达到什么样的业绩（即阶段性目标），只有这样，你的方向才会特别清晰，仿佛时时都会有一个“指南针”帮助你指向“售楼冠军”的方位。

当你清楚“售楼冠军”必须达到什么样的业绩后，你必须看到自己目前的业绩水平与之的差距，以及你的现状与阶段性目标的差距。为了消灭这些差距，你有什么方法可以选用，这就是策略问题，比如，你可以更加勤奋，你可以求教于你的上司，你可以自学或参加培训等。你准备选用哪些方法、怎样安排时间等则是策略选用及计划安排了，然后，把这一切用文字记录下来，最后切记要付诸行动。

现在，请你做一个个人目标策略规划。

第4章 坚持到底的报酬是什么

一场大学生足球巡回赛（这是红队的第 11 场比赛，也是连败 10 场后新任教练的第 1 场比赛），中场休息时，红队以 0：3 大比分落后，再打下去的结果大家都可以预想，这时红队的所有队员都垂头丧气。红队的教练看到这种情景问大家："假如球王贝利与你们一起参加比赛，他会不会放弃？"大家异口同声地说："不会。"教练又问道："假如发明之王爱迪生与你们一起参加比赛，他会不会放弃？"大家异口同声地说："不会。"教练再问道："假如米勒与你们一起参加比赛，他会不会放弃？"大家沉默了，终于有一个队员问道："教练，米勒是谁？"教练大声说道："问得好！米勒在那场比赛中放弃了，所以没有人知道他是谁。"下半场，红队士气大振，最后以 4：3 反败为胜。

"胜利属于坚持到最后的人"，这句话大家都会说，可真正谁做到了呢？在售楼过程中，当买家说不买了，或者业主说不卖了时，你坚持了没有？国外有一项研究表明，一个买家在决定购买之前，平均要说五个"不"字。在你的售楼历史上，你坚持了这个平均数吗？如果你没有坚持，或者你坚持得不够，那就怪不得"售楼冠军榜"上没有你了。我们来看看成功者是如何坚持的。

爱迪生失败 1 万次后才发明电灯，而一般人失败 1 次就放弃，所以，到处是芸芸众生，而爱迪生只有一个；《第一滴血》的男主角史泰龙最初立志当演员时，因外貌平平及咬字不清被纽约的500家电影公司拒绝之后，再度从第1家电影公司开始重新尝试，一共被拒绝了1855次，最后他终于成为闻名世界的超级巨星；65岁的桑德斯上校发明了炸鸡秘方后，四处寻找投资者，经过两年1009次被拒绝之后，他才听到了第一声“同意”；迪士尼为了实现建立“地球最欢乐之地”的美梦，四处向银行融资，一共被拒绝了302次，每家银行都认为他的想法怪异。

相比之下，你很快就发现你为什么还没有成功的真正原因了吧？记住，平均五个“不”之后才会有成交，当我们坚持了五个“不”后仍然没有成交，该怎么办呢？这就要看你是“一定要”成为顶尖售楼代表，还是只“想要”成为顶尖售楼代表，顶尖售楼代表之所以会成为“顶尖”，其奥秘也大概在于此。我们来看看房地产业务员——世界单年销售量最高纪录保持者汤姆·霍普金斯卖楼的一段电话对话：

珍妮太太：“喂！汤姆，您好！”

霍普金斯：“您好！”

珍妮太太：“您或许不知道我是谁，我是煤气公司收款员珍妮太太。”

霍普金斯：“珍妮太太，您好！”（微笑）

珍妮太太：“我每个月给您煤气账单时，您都会给我一张您的名片，我这都有两打您的名片了，我知道您是个有心人，我现在想换套房子，因此，打电话请您帮忙。”

当你看到“两打”的字眼时有何感想呢？在与置业者的交往中，第二次给同一个人派名片的有多少人呢？或许，你第一次派给他的名片，他早就不知放到哪里去了，想找你时却联系不上你。

在我做二手房销售管理时，手下有个彭先生，有一次卖一套天河北的二手房，买家很满意，价格也合适，很快就下了1万元诚意金。可非常不巧，由于业主放售也放租，恰好这时把房子给租出去了，并且租金回报比较满意，所以，不准备卖了。于是，之后的日子，无论彭先生怎样打电话，业主的回答只有一个，就是“不卖”。由于买家非常满意这套房子，答应彭先生，只要业主卖，他就买，并留下3000元作为保证金。彭先生几乎每天都打电话给业主，业主的态度很不耐烦，一开始，还只是不接电话，后来就直接挂电话，再到后来，则直接骂人。快两个月时，租客因工作调动，悔约不租了，彭先生还在坚持给业主打电话。有一天，业主坚持不住松口了，对他说：“你带定金到我住的华南碧桂园来吧。”由于打电话骚扰了业主太久，听到这句话后，彭先生竟然高兴不起来，害怕业主不一定是要卖楼，而只是把他叫去“教训”一顿。带着不安的心情，彭先生和另外一名同事一起前往业主的住所，在门口，犹豫不决的他不敢按下门铃，但成交的欲望终于战胜了恐惧。按下门铃进门后，业主第一句话就说：“彭先生，其实为这套房子打电话来的人很多，但我从没见过像你这么坚持的售楼员，好吧，就委托你们公司卖了它吧。”

当买家说“不买了”，或者业主说“不卖了”时，其实并不一定代表真的“不买”或“不卖”，有可能只是他（她）与妻子（丈夫）刚刚吵完架而已；也有可能是今天被上司批评了，心里不舒服；还有可能开车违规被警察逮住了，心里不高兴；等等。如果你不想做个一般人，你就不能一次就放弃，坚持多打一个电话，坚持多问一句，坚持多约一次，成交就可能实现。

坚持！坚持！再坚持！要想过上不平凡的日子，就得学会做一张邮票，不达目的地，决不放手。

第5章 奔跑出来的售楼业绩

羚羊不去奔跑，它会被狼和狮子吃掉；狼和狮子不去奔跑，它们就会被饿死。

程功是一家房地产中介公司的普通员工，做事总显得有点笨手笨脚，可他非常热心肠，任何人都可以支使他去办事，忙碌的程功就像一只笨拙的企鹅整天在办公室里跑来跑去。于是，大家送他一个外号——奔跑的企鹅。后来程功被调入业务部，由于工作非常投入，业绩一路直线上升，很快就升为分店经理。第二年，公司下达了本年度必须完成600万元佣金收入的指标。业务总监认为这个指标不太可能实现，私下里开始怨天尤人，认为老总太不现实了。只有程功的团队在拼命地销售，前3个季度刚过，程功的团队就基本完成了全年任务，而公司总业绩只完成了目标的50%。国庆过后，业务总监就主动提出辞职，程功被任命为新的业务总监。“奔跑的企鹅”在上任后的两个多月里，投入忘我地工作，他的行为带动了所有人，在年底的最后一天，他们竟奇迹般地完成了剩下的50%任务。

后来，这家房地产中介公司被另一家公司收购。新公司的董事长第一天上任就点名任命程功为这家公司的总经理，因为在双方谈判收购的过程中，这位董事长曾多次出入这家公司，这位“奔跑的企鹅”给他留下了深刻的印象。

程功经常问手下：“飞机在什么情况下才可以起飞？”飞机起飞时一定

要把推杆推到尽头，做事情也是这样，你一定要全力以赴，才有可能成功。当新任业务总监走进他的办公室时，第一眼就看到墙上挂的座右铭：如果你能让自己奔跑起来，总有一天你会飞起来。

“奔跑”，有意思！我们会说“跑”业务、“跑”生意，原来业绩都是“跑”出来的。如果你不准备“奔跑”，那你只能准备被淘汰。就像羚羊不去奔跑，它会被狼和狮子吃掉，狼和狮子不去奔跑，就会被饿死一样。跑起来吧！当我们走遍千山万水之时，也就走进了千家万户。

很多人有一种错误的观点，认为售楼就是坐在售楼部或中介门店里面唱空调，是个舒服的活儿。其实不然，一个售楼人员的业绩是与他奔跑的里程有关的，路走得越多，业绩自然越好。在销售中心里做一手房销售，售楼人员要带客人看现场，看样板房，为了了解周边市场行情，你还要利用业余时间到处踩盘；在中介做二手房销售，则要到处带客人看楼，到处找房源，奔跑在按揭公司、物业管理公司、供电局、电信局、自来水公司等部门之间做服务，这些路程加起来的总和是与你的售楼业绩成正比的。此外，当你奔跑起来的时候，还要奔跑出速度、奔跑出热情，因为这些是影响你奔跑质量的重要因素。

从现在开始，请你比别人晚睡 1 小时，用来阅读本书或其他书籍，不断提高自己；请你比别人早起 15 分钟，用来计划好当天的工作及行动，使自己变得更加有效率；请你比别人晚下班 1 小时，用来总结及检讨当天的工作，不断完善自己；请你每天多打 10 个电话给你的客户；请你每天多带一个客人去看楼；当别人出去消遣的时候，请你找一个安静的地方来阅读，甚至参加一些培训；当顾客站在门口徘徊的时候，请你比别人快跑两步；当别人只知一味地寻找新顾客之时，请你多服务一下老顾客；当别人想放弃的时候，请你多坚持一会儿；当别人走累了的时候，请你再多走几步路。

“奔跑起来吧！”成为售楼冠军不是一场百米速度赛，你必须激发蕴藏在你内心深处的所有力量，因为没有任何一条捷径，也没有任何一列可以直达“售楼冠军”站的快车，所有的路程必须用你自己的双脚一步一步去丈量。要想迈向成功的售楼人生，就必须比别人多付出，你可千万别小看这平凡的一点点，要知道金字塔上的每一块石头也是那么的平凡，可正是这一块块平凡的石头砌出了不平凡的金字塔。只要你坚持跑起来，总有一天，售楼冠军理想的种子会长成参天大树。

一个人奔跑起来最大的障碍来自惰性和借口，以及你有没有坚持到底的信心。在现实生活中，售楼冠军的目标并不是可以一蹴而就的，可以像“寻找‘售楼冠军’指南针”那一章里叙述的那样，把这个目标分成若干个可以实现的小目标，然后集中精力想办法逐一地实现这些小目标。当这些小目标全部实现时，你的售楼冠军目标也就实现了。记住，一定要完完全全抛弃你自己的惰性和借口，每当旭日东升之时，就告诉自己：“钢铁就是这样炼成的。”

让我们再说一声：“奔跑起来吧！”让我们充分享受奔向售楼冠军路上的“痛苦并快乐”的生活！

第6章 打造售楼冠军的精神粮仓

21 岁，做生意失败；

23 岁，角逐州议员落选；

24 岁，做生意再度失败；

26 岁，爱侣去世；

27 岁，一度精神崩溃；

29 岁，竞选州议长失败；

34 岁，角逐联邦众议员失败；

39 岁，角逐联邦众议员再度失败；

45 岁，角逐联邦参议员失败；

47 岁，竞选副总统失败；

49 岁，角逐联邦参议员再度失败；

51 岁，当选美国第十六任总统。

他是谁？是什么力量使他在惨败中一次次振奋起来？是什么让他顽强地坚持到底，直至取得惊人的成功？他就是美国历史上最伟大的总统之一——亚伯拉罕·林肯。他发表了著名的《解放黑奴宣言》，领导了拯救联邦和结束奴隶制度的伟大战争，并取得胜利。

在我长期从事房地产工作实践及教学过程中，发现这样一个问题：很多时候，阻碍一个售楼人员业绩提升的不是他的售楼技能，而是他的工作精神。

有效地挖掘并激发内心的潜力，将大大提高我们的工作水平。或许你会认为自己太差劲，能够成为顶尖售楼代表的概率微乎其微，但是，问题的关键并不在于你现在的地位及能力是多么的卑微，而是你想成为什么样的人？你的渴望程度达到了100%没有？你是否愿意为此付出艰辛的努力？如果你下定了决心，那么任何障碍都阻挡不了你成功的步伐。这是个信念问题，要成为顶尖售楼人员，必须具备怎样的“信念系统”呢？这在“成为售楼冠军的七个‘谎言’”中将详细介绍，这里重点介绍另外两个问题：

一是售楼代表对工作的态度及投入问题；

二是售楼代表对自己售楼工作的质量要求问题。

有个老木匠向老板递了辞呈，准备离开他熟悉的建筑业，回家与妻子儿女享受天伦之乐。他是全国最著名的木匠之一，手艺高超，老板舍不得这样的好员工离开，问他能否帮忙建造最后一座房子，老木匠欣然允诺。但是，显而易见，他的心已不在工作上，他用的是废料，出的是粗活。等到房子竣工的时候，老板亲手把大门的钥匙递给他并对他说：“这是你的房子，也是我送给你的礼物。”他震惊得目瞪口呆，羞愧得无地自容。如果他早知道是在给自己建房子，他怎么会这样漫不经心、敷衍了事呢？现在他只好住在这幢粗制滥造的房子里。

对于一个售楼工作者来说，售楼工作就是在创造售楼人员自己的事业及生活。但真正认识到这一点并做到的又有几个人呢？很多人又何尝不像那个老木匠呢？整天漫不经心地“建造”自己的生活，不是积极行动，而是消极应付。等惊觉自己的处境时，早已深困在自己建造的“房子”里。其实，我们就是那个老木匠，在售楼工作的每一天、每一刻，你都要记住这是在建造你自己的“房子”，每敲进去一颗钉，加上去一块板，或者竖起一面墙，都要用自己的智慧以及百分之百的投入！记住：生活是自己创造的！

在美国流传着这样一个耐人寻味的故事。一个年轻人来到一家著名的酒店当服务生，这是他人生的第一份工作，因此，他踌躇满志，暗下决心，一定要好好干，不辜负领导的信任。谁知在试用期间，上司竟然安排他洗马桶，而且工作质量要求高得惊人，要求必须把马桶抹得光洁如新。他当然明白光洁如新的含义是什么，更知道自己是不喜欢洗马桶的，光洁如新这一高标准的质量要求是无法实现的。每当他拿抹布的手伸向马桶时，胃里立马“造反”，翻江倒海，恶心得想呕吐却又吐不出来。为此，他心灰意冷、一蹶不振，每天都在思索是继续干下去，还是另谋职业。就在他犹豫不决的关键时刻，同单位一位前辈及时地出现在他的面前，帮他摆脱了困惑。她并没有用空洞的理论去说教，而是言传身教，身体力行。首先，她一遍遍地抹洗马桶，直到抹洗得光洁如新；然后，她从马桶里盛了一杯水，一饮而尽，丝毫没有勉强。实际行动胜过千言万语，光洁如新的关键就在于新，新则不脏，所以新马桶中的水当然是可以喝的。这件事令他很震惊，也给了他很大的启示，于是他痛下决心：就算一辈子洗马桶，也要做一名最出色的洗马桶者！从此，他脱胎换骨，工作质量也达到了无可挑剔的高水准，当然他也多次喝过马桶里的水。

几十年光阴一晃而过，后来，他成为世界旅馆业大王，他的事业遍布全球，他就是康拉德·N·希尔顿，建立了享誉全球的希尔顿酒店帝国。

我发现很多干了三五年售楼工作的售楼人员还停留在普通售楼代表的层面，他们技能一般，更关键的是他们的心态灰暗，对自己的工作水平没有什么要求。他们在售楼的工作岗位上，得过且过，大有“做一天和尚敲一天钟”的感觉。

要想过上富足的生活，必须对自己的售楼工作水准提出高标准，就像“就算一辈子洗马桶，也要做一名最出色的洗马桶者”一样，作为一名售楼人员，必须有“做一名售楼冠军”的目标，并付诸百分之百的投入，千万别把它当成一种谋生手段或糊口工具。

第7章

比卖出楼更重要的是诚信

广州市越秀区是教育强区，区内的众多小学都非常出名，不少人购买该区的房子都是为了小孩子上学。由于，需求者众多，该区的二手房一直非常走俏。有些家长在该区买房的唯一目的就是让小孩上学，购买时根本就没有考虑过到那里去住，因此，一旦小孩进入某知名小学后，就着手卖出这套二手房。这使得越秀区的小学不堪重负，一时无法满足众多望子成龙的家长们的需求，于是，政府出台了“学位保留”政策。“学位保留”指的是在一套房子指定入读的小学，同一时间只能有一个小孩入读，也就是说，如果某人的小孩还在该小学读书，即使他卖出去该套房子后，新业主的小孩也不能入读该小学（每一套房子可以入读的小学是指定且唯一的），除非旧业主的小孩毕业，新业主的小孩才可以入读。政府希望通过这种政策来确保越秀区小学教学的正常运行。

有一次，我带一个客人去看一套培正路的房子（培正路上有广州市顶尖的小学），由于业主比较忙，非常难约到她开门看楼，所以，看楼时，公司还有另外几个客人一同去，此外，还有其他中介公司的好几位客人，场面非常壮观。因为房子本身不错，我的客人看完后非常满意，对价格也没有异议。他同我一起回到公司，并打电话叫他太太打的士送了1万元定金过来。当我问他买房的目的时，他说明年他的儿子准备上小学，就是为小孩读书而买房的。当时，“学位保留”政策刚刚推出，很多人不了解，我立即告诉他这个情况，他不相信，还以为我在骗他，想把房子留给其他客人以谋求更高佣金。因为前几天，他在另外一家大的中介公司看过楼，那家公司的业务员是他朋友的一个亲戚，没有提到这个“学位保留”的问题，所以，任凭我怎样解释，他硬要我收下定金，还当场打电话问那个业务员，由于那个业务员不了解这个新政策，更引起他对我的怀疑。我一再问他：“你买房是不是仅仅为了小孩读书，如果不能入读这个小学，你是不会买这套房子吧？”答案是肯定的，因此，这更坚定了我不能收他定金的决心，我不能因此欺骗顾客，哪怕是他怀疑我。最后，这位顾客非常气愤，临走时说，以后再也不来我们这里买楼了，并扬言要到公司投诉我，我虽然委屈，但还是面带笑容地送他走了。因为我知道，在与顾客的交往中，无论发生什么情况，笑脸总是要留给顾客的，委屈可以留给自己慢慢品尝，总有一天，他会理解我的。

一个星期后，当这位顾客确认我的解释没错时，再次来到我们公司，并留给我一封感谢信。从此，他再也没有去其他中介公司看楼，直到我帮他买到楼为止。

今天的房地产市场的确存在不少陷阱，隐瞒小区内的规划路、一楼多售、合同欺诈、虚假广告、二手房吃差价等问题非常多，使得这个市场有点混沌。不可否认，不诚信的行为可以使售楼员（或公司）得到暂时的金钱报酬，但这并不是长久的经营之道，因为，这不但让顾客损失了金钱，丧失了对售楼人员的信心，而且会使我们自己丧失尊严，丧失作为一个真正专业售楼人员的机会，更有甚者会腐蚀我们的人格。

研究表明，一个人在售楼推销过程中很难人格分化，即不能平时做人是这种人格，推销时又是那种人格。因此，如果公司要求你们不诚信（这种情况极少），我觉得你们应该离开那家公司；作为公司也一样，如果你的员工对顾客不守诚信，你又如何能确保他们会对公司有诚信呢？此外，不守诚信的事情就像假币一样，用多了总是会被人发现的。

诚信在当今的商业社会是个稀缺资源。做生意、搞销售很难，就像谈恋爱一样，无字典可查，也无地图可看，完全要随机应变，如果你抱定诚实无欺的原则，就可以以不变应万变，迅速发展你的事业。在我的房地产销售生涯中，无论是做业务员，还是做管理，都感觉到顾客对诚信的强烈渴望，由于极少数不诚信的售楼人员的行为对市场造成了极坏影响，使得购楼者总是小心翼翼，不知相信谁好，当我们非常诚信地帮助顾客买到他们真正想要的楼时，他的亲友、同事、同学等有买楼需求的人就会接踵而来。

有一次，一位顾客在某中介公司受骗后，因中介公司要求赔偿中介费，把她告上了法庭。后来，她来到我们公司买楼，我们遵守了诚信原则，并告诉她如何应对该中介公司的纠缠。在后来的半年内，她先后介绍朋友在我们公司买走了四套房子。

因此，诚信在经营中是非常重要的，它往往可以起到点石成金的作用。我成立现在的顾问公司的宗旨是，我们追求利润，更追求真正的职业精神，我们恪守诚信，并以此为双方合作之基础。

有一次，在我做培训讲到诚信时，有学员抛给了我一个问题："我是二手楼业务员，在我带客人看楼时，客人把我给'飞'了，直接与业主成交了，面对这种情况，我还能诚信吗?"接着又有人问道："我们做二手楼买卖，业主是有底价的，但我们不能把这个底价告诉买家，因为他知道底价后肯定还要砍价，这属不属于不诚信呢?"我想，这是一个关于诚信的上限的问题。什么是不诚信，如果不损害客户的利益或间接利益，这与诚信不诚信关系不太大；但如果损害了客户的利益或间接利益，肯定是不诚信的行为。对于顾客的不诚信，我们该如何面对呢？我想下面这则报道或许可以帮助我回答这个问题。

一个人贩子拐了一个4岁的小孩子，在火车上，这个孩子没有像其他孩子那样哭，而是一直叫着叔叔，并且求他讲故事给他听。孩子说："叔叔，你是不是也给你的儿子讲故事听他才睡觉呢?"这句话打动了人贩子，他有一个5岁的女儿，也是别人的父亲，女儿每天缠着他讲故事。于是，他决定把孩子送回去，因为孩子那双眼睛那么信任地看着他，把他当作朋友一样。我们知道，很少有人贩子是善良的，但那次，是个例外，他去投案自首了。

当你以"你想顾客怎样对你，你就先怎样对待顾客"为原则时，诚信一定是可以感染身边的人的，也会传递下去。

第8章

如何用一分钟换来一辈子的信任

在我做房地产销售管理时，发现很多售楼代表不太喜欢参加公司的会议及一些常规培训，经常以“顾客打电话过来看楼”“已约好跟顾客谈合同”等借口来逃避这些会议及常规培训。不可否认，有时的确会发生公司管理与服务顾客的时间冲突，但作为一名诚信敬业的售楼人员必须实事求是，不能经常以之为借口。其实，实事求是正是你获取顾客信任的最佳途径。

记得我在做房地产策划工作时，经常要去拜访及服务发展商。有一次，我去服务一个我们跟进了很久的发展商，他的楼盘要请一个代理公司，这几天正在做决策，所以，对我们来说是非常关键的时刻，必须服务好。星期一下午我要去服务发展商，按公司规定，星期一下午两点半是公司例会时间，中层干部必须参加，不参加也得报告原因及所在方位。非常不凑巧的是，那天我的手机没电了，使得我在跟发展商谈判的时候有点儿紧张。当我看到时钟指向下午2：30时，我有点意识模糊，好像忘记了这是与发展商的一场关键会谈似的，竟然站起来对发展商的一个副总说：“不好意思，我的手机没电了，借您的手机打个电话，我们公司规定星期一下午2：30是例会时间，不参加必须打电话回去报告原因。”待我打完电话，我才意识到我干的这件事实在是太唐突了，心想，这下肯定砸锅了。

第二天，我无精打采地来到办公室，第一眼就看到老总冲我笑，笑得我心里有点发麻。没想到，他走过来拍了拍我的肩膀，笑着说："好小子，真有你的。"原来，昨天晚上发展商开了个决策会议，决定把楼盘的代理权签给我们公司。而在此之前，我们公司与另外一个代理公司的方案受到了发展商的重视，策划方案各有千秋，很难让发展商取舍。正是昨天我借电话的举动，让发展商感触良多，他打电话给我们的老总，说你们公司的员工纪律真好，看得出执行力非常强。

一个不经意的"借电话"动作，换来一个楼盘的代理权，因为他是不经意的、毫无掩饰的，才赢得了客户的信任。下一次，或许你的一个不经意的眼神，一句不经意的话，一个不经意的举动，就让你获取一份订单，但前提是，这必须是真诚的。因为，顾客的眼睛是雪亮的。所以，作为一个售楼人员，必须严格遵守公司的规章制度，我相信每一家公司的制度都是经过深思熟虑的，是有其合理性的。当制度要求与客户需求发生冲突时，你可以大胆地向客户解释，这将有助于增强客户对你所在公司的信任。

从公司的角度来讲，必须具备有效的管理才能发挥整体的力量，大多数公司的制度及纪律正是为了这个目的制定的。所以，服从命令、遵守制度正是一种集体主义及团队精神的体现。售楼人员作为公司的一员，必须有极强的整体观念及团队精神，努力遵守公司的各项规章制度。在房地产业务工作中我发现，凡是努力工作，勤勤恳恳卖楼的售楼人员，总是循规蹈矩地遵守公司的规章制度，而那些能力差，爱偷懒的售楼人员总是拖沓成风，想尽办法找各种借口和理由来掩盖事实。

要想获取客户对你的信任，最重要的一个前提就是必须真诚地对待客户，任何刻意掩饰的东西都像华丽的肥皂泡，终究会破灭。

我听说过这样一件事情：一家大公司年终要评选一位最佳后勤服务人员，有一个副总提名公司的一名员工，理由是每次他自己很早来到公司的时候，都发现她已经来了，并且是最早的那个。有其他人不服，认为是碰巧，或者是装出来的，毕竟老总来得早的次数有限。于是，他们就去人事部查这个人平时打卡的记录，想以事实来说话，结果，12 年来的每一天她都是来得最早的那个人。

试问：碰巧能碰 12 年吗？装能装 12 年吗？如果你装出来真诚对客户，一装就装 12 年，我想这也可以吧！

中国有句古话："对己之心对人，责人之心责己。"我想这个就是在售楼过程中需要达到的境界吧！

第9章 成就售楼冠军的七个“谎言”

阻止我们前进的不是眼前的高山，而是鞋里的沙粒。每个人的面前都有一条通向远方的路，崎岖但充满了希望，为什么总是会有人走不到远方呢？因为总有人没有倒掉鞋里的沙粒而疲惫不堪，导致半途而废。因此，主宰人的感受的并非快乐和痛苦本身，而是心情。

“望梅止渴”这个成语故事，大家都非常熟悉，但真正清楚里面蕴含的规则，并应用到实践中的人并不多。“前面有杨梅”，并没有改变我们口渴的事实，却使我们对“前面”充满了希望，从而使我们走向成功。在售楼工作中，当我们遇到挫折，疲惫、“口渴”、沮丧之时，如果前面也有一棵“可以听得见的杨梅树”，那必将带领我们跳出困境，迈向成功。

当我谈到成为售楼冠军的“谎言”时，很多人可能会不屑一顾，毕竟又有谁想与“谎言”结伴一生呢？其实这是误解，我的真实意思是，当我们不了解世界的真貌时，就无法知道自己的信念是对是错。然而，如果知道那些信念是对的，不管我们遇到什么情况，都会相信那是对的。好比我们看远方的铁轨，如果对铁轨没有认识，我们会认为两条铁轨是交叉的，当我们知道铁轨永远不会交叉时，不管看到什么样的情景，都相信两条铁轨是平行的。为了更好地说明这个问题，在这里引用哈佛商学院的一个实验。

如果我们在两张透明的胶纸上分别印上图甲（一个丑陋的老太婆）和

图甲　　图乙　　图丙

图丙（一位年轻漂亮的小姐），我们见到的结果也就与上面的图甲、图丙一样。可如果我们把两张透明胶纸重叠在一起，就会看到中间的图乙。这个实验开始是把学生分成两组，先只发放图甲给甲组学生看，同时，只发放图丙给丙组学生看，然后，教授会把两张透明胶纸重叠，即得到图乙，投影出来给大家看，问大家看到了什么？所有甲组同学都说看到一个丑陋的老太婆，所有丙组同学都说看到了一位年轻漂亮的小姐。同一张图片，为什么会看到不同的结果呢？

的确这样，如果你看过图甲，再看图乙，会感觉图甲与图乙区别不大，自然会认为是一个丑陋的老太婆；如果你先看图丙，则会认为看到了一位年轻漂亮的小姐。其实，如果你看到那个丑陋的老太婆时，把老太婆的鼻子看成那小姐的下巴轮廓，把老太婆的左眼看成小姐的左耳，老太婆的嘴看成小姐脖子上的项链，她就成了一位年轻漂亮的小姐，反之亦然。

由此可以得出一个重要的观点，就是我们先前对事物的认识以及以往的经验经常控制着我们对周边的认知，不同认识及经验会产生不同的认知。也就是说，我们遇到各类事物时所产生的心情是非常主观的，在心灵中，如果只有天堂，地狱也可以变成天堂；相反，天堂也会变成地狱。为了克服我们在成为售楼冠军路上的各类挫折、困难乃至失败，在这里，非常有必要对这些挫折、困难和失败重新认识一下，当我们遇到这些挫折、困难和失败时，可以保持十足的信心，轻松地渡过难关，让我们心灵深处时刻只留住一个“天堂”。

在这里，“谎言”指的就是信念，建议你好好地认识以下这七个信念，看看对你是否管用。在我的房地产职业生涯中，我把这七个信念复制到我身上的确是很管用的。它们鼓舞人们做得更多、更好，得到更佳的结果。当然，这七个信念不是成功唯一的信念，只是一个开始，它们帮助过别人，希望对你也有用。

信念一：我是售楼冠军，我是最棒的！

有一个故事，讲的是一个叫张三的人，一直很倒霉，做生意欠了一大笔钱，于是他就去找当地一个名气很大的算命先生算命。没想到，当他一进到这个算命先生家里还没来得及开口时，算命先生就说："别动！别动！"上下打量着张三，长长舒口气，微笑着点头说："年轻人，很好！"然后告诉张三，说张三是诸葛亮转世。张三将信将疑，因为他读书少，就连诸葛亮是谁都不知道。为了弄清楚诸葛亮是什么样的人，张三买了本《三国演义》回家看，当他了解到诸葛亮是什么样的人后，开始拼命学习奋斗，五年后，取得了非常大的成功。为了感谢算得这么准的算命先生，张三再一次来到了这个算命先生的住所，由于屋里有人，他就只好在外面等候，突然，听到那个算命先生对屋里的人说："年轻人，你命真好，你是诸葛亮转世。"这时，张三明白了一切。

当你知道自己将要成为什么样的人时，你就会全力以赴地去成为那个人。很多售楼人员总是怀疑自己不是做房地产的料，就更不用说相信自己是售楼冠军了。这种人一旦遇到一点小挫折，就开始动摇自己，试想：这种人又如何能把售楼工作做好呢？担心失败、怀疑自己，是一种毒害心灵的方式。当我们心存消极想法时，我们的生理状态、思考方式及心境与心情就都跟着改变，最消极的想法莫过于担心失败及怀疑自己。因此，从现在开始，你要抛弃以往这些错误的观念，立刻相信自己，并且大声喊出来："我是售楼冠军，我是最棒的！"

信念二：天下没有卖不出去的房屋！

生意场上有一句经典俗语："没有卖不出去的货物，只有卖不出去的货价。"在这里，我不是想以此套用成"没有卖不出去的楼盘，只有卖不出去的楼价"，只希望能以此建立你的售楼信心，相信"天下没有卖不掉的房屋”。“信心”在你售出楼盘的过程中是非常重要的，当你心里认为这个楼盘卖不出去时，就真的卖不出去了。

人类一直试图在4分钟内跑完1英里，据说古希腊选手为了打破这个纪录，甚至在背后放狮子追赶，但仍未达成。因为人类的骨骼结构不对、关节阻力太大、肺活量不够等，使得几千年来，大家都相信人类的体能不可能4分钟内跑完。然而，有个人却证明了这一切全是错的。班尼斯特奇迹般地在4分钟内跑完了1英里；此后一年，37个选手也做到了；又过了1年，300位选手同样打破了纪录！在现在的世界级比赛中，只要有资格参赛的选手，哪怕是最后1名也会在4分钟内跑完。

究竟发生了什么呢？人类的训练方法没有太大改变，人体的骨骼结构更没有任何进化，改变的只是人类的态度。在售楼过程中也是这样，改变你对楼盘的态度，就会改变你的销量，坚定信心，相信自己绝对能将房屋卖掉。不受失败的影响，不断地分析自己在售楼过程中哪些地方做得很好，哪些地方可以做得更好。对于房屋价格要有信心，不要轻易降价；不要随时有底价观念；不要以客户的出价为基础来做价格谈判，不论客户出价在底价以上或以下，都要艺术地拒绝。目的在于让客户认为你的出价是合理的，而且让他觉得在争取成交价格的过程中很辛苦，从而使客户获得安全感、满足感。

信念三：　凡我接待过的客户一定会跟我买楼！

一些有经验的售楼代表喜欢挑剔客人，这是非常危险的。当然，寻找到有买楼能力、买楼欲望并能做决策的人看楼当然是最好的，问题的关键是，如果我们总是希望只接待这类人看楼，那我们在带所有客人看楼的过程中就会戴上有色眼镜，对待客人时就会出现厚此薄彼的现象。一个购楼者的买楼过程一般不会一下子结束，通常会看两三次楼，或者更多，在你还没有绝对把握成交时，你的热情、肢体动作等将会无意识地停留在较低的服务水平，这是非常危险的举动。

“凡进来的，必是买楼的”，在我从事房地产销售工作的第一天，我的上司就这样教导我。当我深信这句真理后，每当接待客人时，我都会表现出百分之百的热情，因为，他要向我买楼，他是我生命中的贵人，我当然要做到最好的服务。因此，我很在乎他，我很细心、耐心地询问他的购房需求，我很热情地为他服务，我会经常联系他。试想：如果你还在怀疑这个人是否会向你买楼，你能这样百分之百地投入吗？你能这么有效地把房屋推销给他吗？

信念四：　我卖的房子是最好的，　也是客户最需要的！

有一次，我们销售一个一手楼盘，在楼盘还有半年才开盘销售时，发展商就放风说楼价要6000元/平方米。当时，我们都非常震惊，因为这个价位可是比同地段的楼价高出600元/平方米，我们一致认为这个价格很难卖。于是，发展商对我们说："连你们都认为楼价太高，还怎么能说服消费者接受这个楼价呢？"然后，他耐心地解释楼价为什么要这么高，从装修、间隔、园景等各项优点逐一说明，直到我们相信这个楼盘值这个价为止。于是，在这半年里，我们不停地约一些以往的客户看楼。在开盘的前一天，发展商突然公布楼价为5300元/平方米，这个消息让我们非常振奋，没想到这个楼盘这么物超所值，我们对楼盘的评价及信心立即感染了购楼者，不到一个星期，两百多套单位就全部售完了。

"相信"的力量是无穷的，试想：当你深信你所卖的楼盘是最好的，也是客户最需要的，顾客不买将会后悔的时候，你向顾客推销你所卖房屋时的那种自信是没有什么可以掩盖的。同时，你也会义无反顾地向顾客展示你的楼盘的所有优点，直至他买楼。

信念五：　售楼工作即游戏！

"是喜欢自己的工作，容易成功，还是不喜欢自己的工作，容易成功？"我想这个问题是不需要回答的，我还没有听说过哪个人因为讨厌自己的工作，而获得很大的成功。马克·吐温说过："成功的秘诀，是把工作视为休闲。"我想这就道出了其中的原因。

售楼工作，特别是二手楼销售，是一件非常辛苦的工作，需要你付出艰辛，要求你的智慧和体力并行，正如前文所说的那样，是一件“痛苦并快乐”的工作。然而，每一个人的精力都是有限的，“哪怕是上帝，他也要休息一天”。售楼工作不时会令我们疲倦，甚至产生职业倦怠。因此，在你的售楼职业生涯中，你的内心一定要非常喜欢这份工作，才有可能战胜一切疲劳和倦怠，直到成功。

玩游戏大家都非常喜欢，而且不容易感到疲劳。因此，如果你把售楼工作看成游戏，就可以把自己的工作和自己的兴趣密切结合在一起。我不希望你成为一个工作狂，没有一丝休闲时间，我们可以把游戏时的心境、好奇心及活力带到工作中去，不断拓展自我、获取新知、探求新境界，迈向更为充实的人生。

信念六： 卖楼的任何事情， 我均会负起责任！

饥寒交迫的三只小老鼠一起去偷油，它们采用叠罗汉的方式，轮流喝油。当其中一只老鼠爬到另外两只老鼠的肩膀上，即将“成功”时，油瓶突然倒了，巨响惊醒了主人，它们只好无奈地逃回洞里。于是，它们聚在一起开了个内部会议，检讨这次集体偷油失败的潜在原因。最上面的老鼠说：“因为下面的老鼠抖动了一下，所以我不小心碰倒了油瓶。”中间那只老鼠说：“我感觉到下面的老鼠抽搐了一下，于是我抖动了一下。”而最下面的老鼠说：“我隐约听见有猫的叫声，所以抽搐了一下。”原来如此，谁都没有责任。

在售楼工作或其他工作中，你是不是觉得这种情况很熟悉呢？当发生问题的时候，很多人不是把焦点放在如何去解决问题上，而是放在寻找推卸责任的借口上，正如很多人平时工作不是把焦点放在工作本身，而是放在如何讨好上司一样，这种思维方式是非常有害的。当楼盘没卖好、业绩没完成、客户有投诉等情况发生时，你在做些什么呢？你是在想办法解决问题，还是在寻找推卸责任的借口呢？我听过最好笑的一种借口是，现在的买楼客户越来越刁钻，很难完成任务。这多么可笑，把完不成任务的原因竟然归结到客户那里。

在工作中要勇于承担责任，当客户说间隔不太好、楼价太高了，或者地段不太好时，我们不要受客户影响，认为这个楼盘很难卖，而应该多想想，既然这样，为了让这个楼盘能热销，我能做些什么呢？我想，这就是售楼冠军与非售楼冠军的本质区别。下面是我在其他书上看到的一段话，希望与大家共勉。

我不能改变生命的长度，但可以改变它的宽度；

我不能控制每日的天气，但可以把握自己的心情；

我不能决定自己的容貌，但可以展现自己的笑容；

我不能控制他人，但可以掌握自己；

我不能预知明天，但可以利用今天；

我不会事事顺利，但可以事事尽力！

信念七： 凡事必有利于我！

相信大家一定非常熟悉“塞翁失马”这个成语，讲的道理在售楼工作中非常受用。售楼工作一定不会是一帆风顺的，肯定会有挫折不停地发生在我们身上，面对各种挫折，你必须抱有这种心态，即“凡事必有利于我”，用积极的心态从中找到有利于自己成长的东西。

记得在我的培训课上，我经常教导学生用这样一个方法来理解这个信念，就是“词语转换”。比如，今天你的上司问你带几个人去看楼了，成交了几套房子时，你可能今天带了五个人看楼，但成交了零套，在你的脑海里可能会立即浮现出“我今天失败了五次”这个场景，这对你是非常不利的，因为，失败将令你更消极，会令你灰心丧气，令你在日后的工作中无法保持高昂的斗志。我教学生转换一下词语，把“失败”转换成“老师”，当你这样做时，你的脑海里就会浮现出另外一个场景，那就是我今天遇到了五个“老师”，第一个“老师”是因为我没把握住他的需求，带他看错楼了，下次遇到客人时，我一定要把客人需求询问清楚；第二个“老师”是我“逼定”逼得太急了，下一次遇到这种情况，我一定要慢慢引导；第三个“老师”是……；第四个“老师”是……；第五个“老师”是……当你这样转换你的售楼词语时，你会发现售楼冠军的山顶离你越来越近。在课堂上，我一般要求学生们自己找出在售楼过程中需要转换的一些词汇，同时，让他们必须牢记10个转换词汇。转换词汇对你的售楼人生有非常大的帮助，记住“凡事必有利于我”。怪不得，爱迪生在发明灯泡的过程中，当失败到第9999次时，有人问他：“你失败了9999次，还要不要再试一次?”爱迪生说：“我没有失败，我已成功地发现了9999种材料不能做灯丝。”

此外，抱着“凡事必有利于我”的信念去售楼，可以使我们保持愉悦的心情去面对售楼过程中的各种挫折，始终让我们保持正面思维。有一次，一位思维非常正面的“光头”神父正在与一个年轻人交谈，突然，天上掉了一堆鸽子屎在他的光头上，年轻人笑着对神父说：“你这下可正面不起来了吧?”没想到，神父却说：“上帝，谢谢你！没有让牛也长上翅膀。”我想，我们在售楼工作中就是需要这种正面思维，“凡事必有利于我”。

除了上述七种信念外，是不是还有其他的信念，能帮助我们向售楼冠军迈进呢？为了更好、更快地使你成为售楼冠军，请你经常留意观察那些成功的售楼冠军们，别忘了，成功是会留下足迹的。只要你细心地去观察，就一定会有所收获。请你务必记住：凡事必有利于我。

准备篇

第10章 售楼人员的十项全能

今天已进入信息时代，社会、市场、客户等与之前相比均发生了很大变化，更为重要的是，变化的周期越来越短，要想在瞬息万变的市场中胜出，唯有不断总结及学习。在我的房地产工作期间，我一方面勤于学习钻研，另一方面，则大胆地实践总结。在前人研究的基础上，我总结出售楼人员的十项全能：

一表人才，两套西装，三双皮鞋，四两口才，五谷皆食，六欲不张，七分殷勤，八方交往，九分耐心，十足信心。

一表人才

一个成功的售楼人员必须有自己的个人魅力，要给客户留下良好的印象，方便以后的沟通，也有利于下一步的销售工作。

虽然有“推销从推销自己开始”的说法，但这句话并不是说售楼人员必须高大魁梧、英俊潇洒，或是沉鱼落雁、国色天香。在我做房地产销售管理时，我对售楼人员的外貌并没有什么严格的要求，但我对售楼人员的仪表会有严格的要求，比如，头发的整洁、脸部的清爽、手指的洁净、女士的淡妆、佩戴的饰品、勤洗澡确保身上无异味等。此外，对售楼人员的仪态，如微笑、手势、站姿、坐姿，公共礼仪、商务礼仪等也会提出要求（这些内容在礼仪篇介绍）。通过对售楼人员仪态、仪表的要求，让他们时刻保持成功的外表，这就是“一表人才”在这里的真实含义。

两套西装

成功的外表离不开一个人的穿着，穿着是最能体现专业的地方。就一个售楼人员的穿着来讲，“两套西装”重点并不在“两”字，而在“套”字，无论男士还是女士，职业套装是最理想的。当我们穿着职业套装时，就拥有一个专业的形象，可以增强自信心，同时，也强化客户对我们的专业认识。有些房地产公司或中介代理公司并不提供统一的职业装，这时你就需要进行你房地产销售工作的第一笔投资——选购适合你的职业套装。

三双皮鞋

“三双皮鞋”的真实含义并不在于你有几双鞋子，而是要求你有非常强的行动力。“一个人的成功，并不在于他知道多少，而在于他做了多少”，这点很关键。正如前面“奔跑出来的售楼业绩”所叙述的那样，你要奔跑起来，用行动去证明一切。强的行动能力要有不辞劳苦的行业精神支撑，把带客户看楼看成一种非常快乐的郊游活动，就能很好地提高销售能动性，创造出好的售楼业绩。

此外，强大的行动力还需要很强的学习力来配合，比如，熟悉市场，熟悉你卖的楼盘，熟悉房地产相关知识，熟练掌握沟通技能、成交技巧等。

四两口才

好的口才可以为你的事业助力，但在售楼过程中我并不主张售楼人员说个没完，只充当售楼解说员的角色，比较好的做法是不停地向顾客提出适当的问题。好口才的作用应表现在“灵活应对”和“幽默”上，以营造轻松的售楼环境，让客户放松，减少不必要的心里戒备，从而有利于相互沟通及销售工作的开展。

有一次，我带一个顾客去看楼，顾客对房子的情况比较满意，但为了争取砍价空间，她开始挑毛病。她发现附近有个发电场，就以发电场附近磁场太大，对身体健康不利为由，开始数落这套房子的不是。于是，我笑着对顾客说："发电场好啊！这样你可以每天都用最'新鲜'的电啊。"你要让顾客在你的幽默中忘记他提出来的一些根本不是问题的问题，或是一些很小的问题，解除他的抗拒。

五谷皆食

"五谷"通常指的是"黍、稷、麦、菽、稻"，这里的"五谷皆食"主要指的是要营养均衡，保持健康。拥有健康的体魄，才会获得事业上的成功。售楼是件艰辛的工作，我们平时更需要注意身体健康，多吃蔬菜、水果，注重营养均衡，不要偏食，不要用牙齿挖掘自己的"坟墓"，也尽量不要过度饮用各种酒类、香烟来戕害身体。

为了确保身体健康，不要成天坐在电视机前麻痹自己的心灵，可以多参加一些运动，或多阅读一些报纸、杂志、书籍，以充实你的头脑，增强你的活力。

六欲不张

一个专业的售楼人员需要健康的身体，更需要健康的身心，"六欲不张"就是要求我们保持健康的身心。我们都是普通人，达不到佛家所说的"六根清净、四大皆空"的境界，也不可能变成不食人间烟火的妖神鬼怪，只是个有七情六欲的人（七情，《礼记·礼运》中指喜、怒、哀、惧、爱、恶、欲，泛指情感表现及心理活动；六欲，《吕氏春秋·贵生》中指生、死、耳、目、口、鼻，泛指人的生理需求及欲望），"六欲不张"就是要求我们凡事要有节制，保持健康的生活状态。

七分殷勤

任何一个人都喜欢被赞美、被肯定，这是人类特有的属性。知道这一人性，我们就可以利用它来提高业绩，增进人际关系。"七分殷勤"就是要求我们在售楼过程中，要多赞美顾客，恰当地肯定顾客，增强顾客对你的信赖感，从而有助于你达成销售。此外，"七分殷勤"也是对售楼人员必须有非常强的服务意识的要求。在售楼过程中，任何时间、任何地点、任何环节、任何事情都要提供最好的服务。

八方交往

不少成功人士都强调，成功 = 80%的人际关系 + 20%的知识。由此可见，人生中最大的财富莫过于人际关系，良好的人际关系可以极大地增进你的事业。作为一个售楼人员，就是要“八方交往”，广结人缘，不断扩大你的生活圈子。人际关系涉及感情、家庭、工作以及社交等方面。

九分耐心

大多数买卖都不会一帆风顺，绝大多数顾客也不会只看一次楼就决定购买，他们更不可能因为要迁就你的脾气而买楼。售楼跟其他销售一样，需要耐心，耐力也是销售力。

当顾客没有明白的时候，你耐心再讲一遍；当顾客误解你的时候，你耐心再解释一遍；当顾客喋喋不休的时候，你耐心再多听一阵；当顾客说不买时，你耐心再跟他多沟通一次。耐心！只要你多几分耐心，事情就会柳暗花明。

耐心是一种能力，可以提高你的售楼业绩。

十足信心

信心是一个人能否成功的关键，售楼人员在工作中必须保持百分之百的信心。一个售楼人员要有怎样的信心？我们在前面的章节已详细叙述过，这里就不再重提。

第11章 成就售楼冠军的ASK模型

在我的房地产销售培训课上，我经常要求学员在以后的工作中，每天都要做到这十个“一点”，即自信足一点，肚量大一点，脾气小一点，诚信多一点，借口少一点，嘴巴甜一点，行动快一点，热情高一点，微笑露一点，脑筋活一点。我想，这就是所谓的修炼吧。在这里，我不想用空洞的理论告诉大家去做个苦行僧，只是希望告诉大家在日后的售楼人生中，如何去自我完善，做个快乐有效的售楼人。

有一次，我问学员们：“要成为一个顶尖的售楼精英，必须具备什么素质?”学员们踊跃回答，答案层出不穷，我大致归纳了一下，可以分为八个方面：一是对企业的认识，包括认同企业及其楼盘，认同企业价值观等；二是观念方面，包括售楼人员如何持有正面的售楼态度，对购楼者的态度，对楼盘的态度，对待挫折的态度，超越他人、超越自己的态度，有强烈的动机，取悦他人的欲望，设身处地为顾客着想等；三是道德品德方面，包括售楼人员的诚实、正直、公平、公正、襟怀宽广、宽厚待人、直率、勇敢、忠诚、敬业、责任感等；四是心态方面，包括售楼人员的积极主动、正面思维、乐观、激情等；五是有一定的管理技能，包括自我管理、时间管理、与人合作、客户管理等；六是技能方面，包括熟悉销售流程、按揭流程、掌握房地产销售的基本技能；七是专业知识方面，包括熟悉楼盘，熟悉房地产市场，了解房地产发展趋势，熟悉房地产相关交易法律法规，熟悉相关房地产术语，熟悉竞争对手的产品及相关情况，熟悉掌握项目优劣势，有一定的规划设计知识，懂一点风水知识等；八是技巧方面，包括如何建立良好专业的形象，探测需求技巧、沟通技巧、制造热销场景的技巧、逼定技巧、谈价技巧、成交技巧、服务技巧等。学员们概括的这八个方面已较为全面。

看上去要成为一个优秀的售楼人员好像要掌握的东西非常多，也不容易记住，对于一个刚涉足房地产销售的人来说，可能会被这些要掌握的东西吓倒。在我从事房地产工作时，公司对我的培训及我日常学习的内容中，还有类似售楼人员的九项修炼、十二项必备技能等，罗列这么多内容，要全部记住，绝不是一件容易的事。所以，在我的培训课中，我一般会将这些东西简化，简化到我们的头脑一看就非常容易记住的程度。

其实，这些内容可以概括为三大类：一是态度方面（Attitude）；二是技巧方面（Skill）；三是专业知识方面（Knowledge），连贯起来，就称之为ASK模型。将前述各方面的内容综合起来，其中对企业的认识、观念及品德、心态等都是态度方面的东西；管理技能、专业技能、专业知识等都是讲售楼专业知识；剩下的就是各类技巧了。

第12章 售楼精英常用的十八般武器

售楼人员必须有自己的“武器”（工具），不能是“空手道”专家。

龟兔赛跑的故事讲的是兔子在半路睡着了，从而遭遇失败。在这里，我要讲的是第二次龟兔赛跑的故事。由于第一次龟兔赛跑中乌龟赢了，兔子非常不服气，心想：我要是不在路上睡觉肯定不会输。于是，它再次向乌龟发起挑战，第二次龟兔赛跑终于上演了。

乌龟与兔子再次来到起跑线，比赛枪响后，兔子撒腿就跑，拼命向目的地跑去。一路上，兔子记住了第一次失败的教训，再也不敢睡觉了。再看乌龟，它不慌不忙，一副胸有成竹的样子，待兔子跑了一阵子后，天上来了一架直升机，乌龟登上直升机，直奔目的地。当兔子气喘吁吁、兴高采烈地向目的地冲刺时，发现乌龟早已大摇大摆地在前面等着它了。

第二次龟兔赛跑中乌龟胜出的原因是乌龟利用了工具。人类与动物最根本的区别就是人类会使用工具，我们吃饭会用筷子，走路会穿鞋，写字会用笔，捆东西会用绳子等。为了达到一个目的，我们或多或少都会使用不同的工具，工具帮助我们更快、更好地完成任务。此外，不同的工具所产生的效果是有差别的。达到同样一个目的，一般会有很多种工具可以使用，比如，我们要去某地，可以走路去，骑车去，坐车去，或者乘飞机去，但使用各种工具所需要的时间和舒适度是有区别的，即效率会有不同。

在售楼工作中，你用了你的售楼工具没有？或许你用了你的售楼工具，但我还要问你，你的售楼工具齐备吗？先进吗？当你还不是一个售楼冠军的时候，当你的业绩不太好的时候，你是否这样想过："当我砍柴砍不动的时候，不要怪柴太硬，得先看看自己手中的柴刀是否足够锐利，或者它早该打磨打磨，再或者必须换一把了。"也许，你真的要学习一下"售楼人员的十八般武器"。

表　售楼人员的工具箱

售楼工具	一手楼	二手楼
* 一个高档点的包（树立形象）	√	√
* 足够多的名片（随时建立人脉）	√	√
* 跟进记录的笔记本	√	√
* 一支高档的笔（关键时刻不要写不出来）	√	√
* 客户联系电话本	√	√
* 楼书及价格表、相关宣传资料	√	
* 激光笔（方便介绍）	√	
* 计算器及银行月供款表	√	√
* 承诺书（认购书）	√	√
* 电量充足的手机（不要联系不到你）	√	√
* 纸巾或手巾（出汗时可保持整洁、干净）	√	√
地图或地图册（不认识路时方便查找）		√
小手电（可挂在钥匙上，方便看水电表）		√
卷尺（方便告诉客人房间的尺寸）		√
数码相机（看楼时可拍些照片，方便下次介绍）		√
女同事（镜子、梳子、口红、备用丝袜）	√	√
有关楼盘（或公司）的正面报道、得奖报道	√	√
对楼盘有利的规划报道或详细规划资料	√	
有关楼盘的统计或调查资料	√	
获奖证书复印件	√	√

续表

售楼工具	一手楼	二手楼
*沙盘（售楼部，好的沙盘更有利于楼盘介绍）	√	
*预售许可证（证明预售资格，一般放在售楼部）	√	
房产证复印件（二手楼）		√
顾客感谢信函	√	√

注：加*为必备工具，其他根据实际情况使用。

上述售楼人员的“工具箱”主要列出了售楼人员的常规武器，是不是还有其他售楼工具呢？这是当然，你可以根据自己的情况制造出你的“秘密武器”（各地房地产市场情况不一样，用到的工具会有所不同）。有些工具是可以“几合一”的（即几个合成一个，方便携带），也有的可以无纸化，如不少售楼部在帮客户计算房价时，就利用一些售楼软件，直接把一次付款、各种按揭付款清单打印出来，提高售楼效率。

此外，需要提醒售楼人员的是，你的包里不能太乱，以免在关键时刻找不到东西，给客人一种不专业的感觉。

你的售楼工具齐备了，但它们是否“先进”呢？

这是另外一个问题。简单回想一下前几年的海湾战争就知道，这是一场武器的竞争。先进的武器可以创造胜出的优势，如果你想在售楼工作中胜出，就必须“磨利”你的售楼武器。在我的销售培训课程中，我经常要求学员一起来“打磨”他们的售楼武器，比如，一个好的沙盘，在模型中可以给每一种户型的单元装配一种灯光，当给客人介绍某种户型时，就打开该户型的灯，给客人一种非常明确的方位感；还有些售楼部配备实景录像，把客户对楼盘的憧憬用动态图像表达出来，加强客户的购买欲望及购买冲动；一座有新型节能材料外墙的写字楼，售楼人员为了突出其“节能”的卖点，在名片上写上一个大大的“25%”，当客人接到他的卡片时，对25%深感不解，然后售楼人员就跟他解释，说用这种新型外墙材料的写字楼，可以节省25%的电，这就给客人留下了一个深刻的“节能”印象。

总之，一方面，你要配齐你的售楼“武器”；另一方面，要让你的售楼“武器”更有效率，用高科技武装你的售楼工具。

第13章 售楼冠军是“打”出来的

在我的工作及培训中，经常听到这样的声音：“我的销售能力很强，但公司没有把我放到好的楼盘去，调我到这样的楼盘，叫我怎样卖楼啊”“我们经理（主管）好偏心，好的客人都给那些没什么能力的人去跟进，分些垃圾客人给我们，叫我们如何有好的业绩啊”“那个人没什么能力，有这么高的业绩，还不就是靠那个楼盘好卖，要不就是他在的那家分店位置好”等，好像自己是个了不起的人物，非常有能力，只是上司没眼光，或者运气不够好。这些人有一个共同的特点，就是有一种怀才不遇的感觉，工作中没有一点激情，不能尽情投入售楼工作中，业绩也不太好。

“怀才就像怀孕，久了才看得出来”，无论你在什么地方工作，你到底是“才”，还是“材”，没有人可以一眼看出来。是“才”你就要用时间、行动及结果证明出来，煤堆里挖金子——一定得淘，光放在那里，是发不出光芒来的；如果你仅仅是堆“材”，那也只好拿去烧开水喝了，毕竟，那也叫人尽其“材”。好的售楼人员是“打”出来的，不是什么“伯乐”看出来的。我非常欣赏海尔公司的“赛马而不相马”用人哲学，这在售楼工作中也非常适用。你不要寄希望于一来到公司，就会被别人发现你的销售能力，你的销售能力是通过你的销售实践和业绩表现出来的。在售楼过程中，根本不存在什么怀才不遇，不论你分配到什么样的楼盘、什么分店，上司对你的能力如何不了解，你都要百分之百投入，证明你的实力，千万不要用消极的态度淹没你的销售才华。

此外，一个售楼人员的销售能力不是天生的，是训练出来的。我经常与人一起分享这样一个观点：“舞是跳出来的，售楼技能是练出来的。”的确是这样，没有谁可以在晚上看完一本跳舞的书，第二天就会跳了，我们的售楼技能也如此，需要不断地训练，当然可以是售楼实践，也可以参加一些实战培训。

关于培训，应该从两个层面去理解：一个是个人要不断地学习，投资自己，使自己的能力不断提升；另一个是公司不要充当“伯乐”，武断地相出“千里马”来，而要给售楼人员提供一个合适的“擂台”，让他们一个一个“打”出来。关于个人学习，本书将在后面的章节论述，这里重点谈一谈作为公司，怎样让员工顺利“打”出来呢？怎样才能尽量“赛马而不相马”呢？

我在公司企划部工作时，公司的一名销售精英被提升为分店经理，她的热情非常高，可以说是没日没夜地工作。可后来，不到半年的时间，她就静悄悄地离开了公司。在后来我负责销售时，还听到她的旧部下跟我吐槽。于是我想到，从销售精英升为店长，需要几个角色的转变，要从“能人”向“领导者”转变；从“个人”向“团队”转变；从“销售工作”向“管理工作”转变等，这些在销售实践中训练的机会不太多。

怪不得管理学上有这样一种说法：“大多数离职是因为升官了”，你可能会觉得不可思议，但那恰恰是事实。现在大多数企业都不想培养人才，甚至有不少老板说：“我们之所以不想花钱去培养人，是因为一旦培养出来，许多人就走了，白白浪费那么多培训费。”这些现象，的确有时也存在于你的企业，但试想，有没有军队不训练士兵，就直接把他们推上战场的呢？售楼工作与战场没有什么区别，战场上流血，商场上流汗，但制胜原理是一样的。当你不训练你的员工，将他们直接推向市场时，浪费的可能就不是那一点点培训费了，而是你的生意和对你品牌的透支。

我记得美国凯莎琳面包的创始人凯莎琳曾经说过这样一句话：“假如面包里发现一粒沙子，就可能使我们失去几斤金币。”为了确保你不会失去几斤金币，你会对员工做些什么呢？培训员工可能会有部分员工离去，从而浪费部分培训费用，但你有没有想过，如果不培训，是否会更浪费呢？

管理学上有这样一个原理，叫“彼得原理”，讲的是在企业内部，每一个人都努力地往上爬，总有一天，会升到自己都不能胜任的工作岗位。如果一个人自己没有提高自己的能力，同时，公司也没有提供足够培训让他胜任岗位，只是害怕他离去，盲目提拔他，这样的结果只会让他更快离去。有这样一句古话：“我不杀伯仁，伯仁却因我而死”；《论语》中也有一句类似的话：“不教而战谓之残”，我想这些讲的就是这个现象吧。

作为一个企业的老板，要有冷静的头脑和温暖的心，并正确对待这些问题。你舍得花几十万元装修自己的办公室，却不舍得“装修”一下自己的员工，那间办公室等于白装修。

第14章 如何快速建立你的购楼“顾客银行”

有一次，我打电话给一位顾客，这位顾客在一个月前买了我介绍的一套几乎是全新装修的豪宅，我估计他已经住进去了，所以打电话想问问他住得怎么样。没想到这位顾客跟我说：“邓先生，这是我第一次在买完楼后接到物业顾问打来的电话。”紧接着，他又说：“我前后已经换了四套房子，都是从不同的物业顾问处买来的，你知道为什么吗？因为他们每个人在我签完《房地产买卖合同》，收走我的佣金后，就不见人影了，你还是打电话给我的第一个物业顾问，问我住得好不好。”

一个人一辈子到底要买几套房子？卖几套房子？租几套房子？或许，你一下子回答不出这个问题，因为房屋交易涉及金额大，有些人可能一辈子只有一套住宅，有些人一生拥有好几套住宅，也有些人换房子就像换衣服那么简单。无论以上哪种情况，在一次买楼后，短期内再次购买的可能性都不大。于是，不少售楼人员认为售后服务对提高业绩帮助不大。

如果你这样想，就忽视了一个事实，即“物以类聚，人以群分”。每一个人都有他的人际关系，这些人际关系的特征是与他本人非常相似的。换句话说，当一个人到了要买楼或卖楼的年纪，他周边的人际关系里也会有不少朋友正处于与他相同的状况，可能也需要买楼或卖楼。

促成一宗房屋买卖并不稀奇，真正厉害的售楼人员是今天就把顾客以后要买或要卖的生意全部促成。记住，一瓶水可以让我们喝上一天，但要是挖口井，我们就天天都有水喝了。不少售楼人员整天拼命寻找新顾客，却没有想过怎样挖掘老顾客？

我们的售楼人生就像一个大的储水池，池顶上面有一根进水管，池底有一根出水管，如果出水管大过进水管，你永远都没水喝。即使进水管大过出水管，如果水管不停地往出流水，要装满池子，速度是不可能快的。如果你要用更短的时间装满池子，有两种办法：一种是拼命扩大进水管，但这会有极限；另一种就是尽量减小出水管，甚至堵住出水管，这种方法会来得更有效一些。

所以，如果你想让你的售楼工作做得更加出色，更加有效率，就必须建立你的储客池，储客池在设计上要尽量减小或堵住你的出水管，以降低你的顾客流失。

在售楼工作中，如何避免不必要的客户流失呢？这里我摘录几点我培训课程的内容，希望对你有所帮助。

服务力产生销售力

服务到底可以产生什么样的力量？相信大家可以想象到。在我的房地产工作实践中，我发现很多售楼人员有一个误区，认为不产生销售的事情就不必去做，甚至要求公司最好配备庞大的售后服务队伍，好像服务与他们无关似的。人是一种感情动物，有不少事情是别人替代不了的，就像上述案例中，打个电话问候一个购房者住得好不好，这样一个非常简单的行动就有可能提升你的销售业绩。作为一个售楼人员，必须有非常强的服务意识，不要一味追求“有偿”服务。或许，你听过“最高境界的剑客，就是手中无剑胜有剑”这一说法，顶尖售楼人员服务的最高境界，也正是“无偿”胜“有偿”。

熟人圈就像滚雪球

每一个人都会有自己的生活圈子，都会有自己的家人、亲戚、朋友、同学、同事等比较要好的人际圈。此外，你每天散步、挤公交车也有机会认识一些朋友；你经常去购物、剪发、干洗衣服，或是去其他一些消费场所，都可能认识那里的老板；你还有老师、教练等众多经常打交道的朋友，这些人都可能有要买楼的时候，都有可能成为你的顾客。

更为有利的是，“熟人好办事”，熟人买楼阻力会更小些。你千万不要轻易就放弃这些熟人，经常与他们保持联络，告诉他们你在做什么，并真诚、友善地对待每一个人，他们都会成为你真正的“熟人”，而且，这些熟人还会介绍他们的熟人跟你买楼。熟人圈就像滚雪球一样会越滚越大，迅速构筑你的售楼事业。

认养“孤儿”

每家房地产公司或中介代理公司都会有人员离职，离职后这个人手上的客户如何管理，不少公司不重视这个问题，只对这个人手上最近的一些客户表现出关注，对之前看过楼或成交的客户则表现得漠不关心，这些客户在这家公司处于“孤儿”状态。其实，关注一下这些客户，有时会有意想不到的效果。如果你是主管或经理，你一定要分配好，逐一跟进；如果你是公司的新进员工，你可以恳求你的经理分些“孤儿”给你。

合作创造“双赢”

“同行如敌国”，这个观点并不一定正确，有的时候，真心的合作会另辟一片新天地。我们通常会有这样一种心理，就是自己做不了的事，不甘心便宜自己的熟人，不喜欢干无偿的事。比如，某人在广州做房地产中介，有个以前的客户要搬到上海工作，需要租套房子，希望你上海的朋友能帮他忙。刚好你有朋友在上海做房地产中介，这时，多数人通常的做法是先谈成交后的佣金分成，如果没有佣金，就让客户去其他不相识的中介租房子，也不想便宜自己的朋友。当然，这个例子中的城市距离你所在的城市很远，其实，在同一个城市，这种情况也普遍存在，你在城东，客户要城西的房子，你做不了，你“便宜”了你的朋友没有。当然，如果是大公司，相信这是可以通过公司内部资源整合来实现的。

有偿是最好的，但有时即使无偿也要先“便宜”朋友。因为，地球是圆的，下一次，介绍给你客户的可能就是他了。相信，真诚会吸引真诚，爱心会吸引爱心，只有合作，才能双赢。

第 15 章

如何创造置业者购楼“仙境”

你有没有注意到这样一些现象呢？一般来说，赌场是不会有窗户和时钟的；大型购物场所不会只有一条笔直的路走到底，而是以一圈一圈的路为主；一些饭店的电梯旁边通常会有一些镜子。告诉你，这些可是商家们的商业机密。

现在假设你站在一个大型会场，舞台上有一位男士拿着一叠50元的全新人民币叫卖着，只要你以20元的价格就可以买一张50元的新币，你或许会想，这家伙一定是个疯子，要不就是他手上的是假币。正在你犹豫不决时，有一个人上去买了一张，回来一看，竟然是真的50元全新人民币，这时会发生什么呢？当然是人们蜂拥到舞台上，因为这太物超所值了。如果换一个场所，这位男士是在大街上叫卖的话，会发生什么呢？大概不用多久，警察就来了吧。这也就说明，推销不仅是销售的艺术，也不仅是说服别人来买就够了，而要创造一种让购买者想购买的环境，让顾客们尽情购买。

赌场里面之所以没有窗户，也没有时钟，目的就是要赌客们专心下注，不要被窗外的美景或者其他事情分散了注意力，同时，也是为了不让赌客们掌握时间。在赌场，赌客们越专注，下赌注的决心就会越大；参与赌博的时间越长，赌场的赢面也就越大。

在商场里，如果一条笔直的路走到底，你就不会看完所有的商品。而一圈一圈的路径设计，目的就是让你看完所有的商品，你看得越多，购买的机会越多，购买的可能性就越大。

在饭店里，就餐时间一般是人来人往，电梯往往会不够用。如果电梯旁有一面大镜子，当顾客们在等电梯时，往往会忙着在镜子前顾影自怜，通常就会忽视等电梯的时间，也就不会有什么不满了。你要知道，镜子可是比电梯便宜多了，这是饭店的伎俩，消除顾客在消费中的不满意。

这种创造消费环境的手法在许多领域都得以大力使用，如在国外的一些儿童医院，护士们不再是清一色的“白衣天使”，而是换上各种各样的卡通服装，目的就是让儿童们不再对医院有恐惧，而是非常愿意去这些医院。

在售楼过程中又该怎样创造适宜的售楼环境呢?

这需要从两个方面入手：一是必须正确布置环境并注意言行，以消除阻碍置业者下决心购买的各种因素，这里包含正确行为和错误行为；二是创造一种让置业者尽情购楼的环境，让他们最大限度地置身于这种氛围中。最好的方式莫过于让他们喜欢上这个楼盘，并制造“僧多粥少”的局面。下面从销售现场的软硬件谈谈环境布置和言行：

表 15-1　销售现场布置

	标　准	避免行为
售楼部或分店	光线充足，可放背景音乐，空调操作正常，空气流通，销售资料齐全，桌面整洁，只能摆放文具	报章文具凌乱放置，桌面肮脏
阅读刊物	最好不允许在售楼部/分店内看	摊开报纸，覆盖桌子，低头阅读
吸烟	不许在销售中心吸烟	客人邀请即接受
进食	禁止进食	口嚼食物与客人倾谈
职员证	佩带于前襟统一位置	反转背面，挂于腰间
男士衣着	公司统一标准	撸起衣袖，缺纽扣，线松脱，有污垢

表 15-2 售楼人员标准

	标 准	避免行为
女士衣着	公司统一标准	袒胸露背，透明装，破洞袜，露趾鞋
头发	男忌长发，女最好盘发	胡须未修整，有头屑，憔悴，戴夸张发饰
化妆	淡妆，简单饰物，涂口红	浓妆，过浓香水味
个人卫生	口气清新，指甲整齐清洁	打哈欠，饮过量酒致使衣服有味

上述只是就销售现场布置的基本要求而言，还有一些其他要求，要根据楼盘或分店的具体情况而定。在我踩盘过程中发现，一些夏威夷风情的楼盘，售楼人员的职业套装换成了带有夏威夷休闲风格的旅游休闲装，目的是让顾客充分感受夏威夷风情，甚至在一个角落铺上沙子，放上太阳椅；一些以地铁为概念的楼盘，则在售楼部制作了一个地铁车头，增强人们对地铁概念的认知；在一些做二手楼买卖的店铺里，有些分店会故意摆一堆以往签的售楼合同，而且故意放在非常显眼的地方，目的是让顾客知道他们生意好，不赶快做决定，就可能被其他人买走；还有不少分店会把公司得奖的奖状、客户的感谢信、顾客赠送的锦旗等挂在最显眼的位置，以要增强客户对公司的信任感。

上述是从大环境而言，讲解如何创造一个好的售楼环境。从售楼人员个人出发，也可以制造一种“僧多粥少”的局面，这主要靠个人的售楼技巧，将在后面章节重点介绍。

第16章 穿越售楼时光隧道

报社新闻记者："赶快！如果截稿时间前交不了稿，就不是头条了。"

海滩上的旅客："亲爱的！多晒一会儿，这儿晒太阳真舒服。"

监狱里的囚犯："怎么搞的！才过一天，我怎么觉得好像过了一年?"

热恋中的情人："不会吧！我们刚刚才来的，怎么就三个小时了呢?"

时间就是这样，有时让我们感觉紧迫，觉得不够用；有时让我们感觉舒服，可以不慌不忙；有时让我们难过，觉得它太漫长；有时让我们留恋，觉得它过得太快了。时间到底是什么呢?为什么我们会品尝出这么多味道呢?

爱因斯坦说："一切与生俱来的赠品中，时间最宝贵。"管理大师彼德·杜拉克说："时间是最高贵而有限的资源。"我想叫1000个人来回答，可能会有1000种答案。关键是，时间表现出"有限的""不可逆转的"两大基本属性。上天在时间上对人是绝对公平的，每个人每天拥有的时间都是相同的，也是免费的。它到底会是什么，关键在于你怎样去管理和经营它。也就是说，时间可以管理和经营，你想得到什么样的管理及经营结果，完全由你选择什么样的管理及经营方式决定。如果你选择良药，时间就是良药；如果你选择毒药，时间就是毒药。人生的成就在某种程度上取决于你对时间管理的选择，售楼工作也如此。

糟糕售楼代表：“怎么才5：30！还要等半个小时才下班。”

顶尖售楼精英：“怎么这么快就6：00了，我得再打几个电话，再多约几个顾客过来看楼才行！”

糟糕售楼代表：“今天没顾客来看楼，真是烦死了，好无聊啊。”

顶尖售楼精英：“今天顾客少点儿，我得赶快打电话约些顾客过来看楼。”

从上述对话中，可以很明显地发现一个售楼人员在他的工作中对时间管理的选择，这就决定了这个人的售楼成绩。你选择售楼冠军的时间管理方法，你就会成为售楼冠军；你选择平庸的时间管理方法，你就只能成为一个平庸的售楼代表。你要如何选择你的售楼时间管理呢？到底售楼冠军的时间管理方法又如何呢？你该怎样去选择呢？这里从以下几个方面来回答你的问题。

只做最有生产力的事

最有生产力意味着效能最高，为了搞清楚这个效能，我们先看下面这个图表。我们从重要性和紧急性两个方面来看待一件事情，分别用横轴和纵轴来表示，就得到A、B、C、D四个象限。其中A象限代表的是“重要且紧急”的事情，如约好要与客人签合同；B象限代表“重要但不紧急”的事，如去参加一次非常棒的培训，虽然不紧急，但对我们售楼能力的提高非常有意义；C象限代表“紧急但不重要”的事，如电话铃响了，一接才知是老同学打来扯家常；D象限代表的是“不紧急也不重要”的事，如我发现不少售楼人员一上班就开始瞎聊猛侃，扯昨晚的电视剧，主人公怎么样了，或扯某某明星私生活等与工作无关的事情。在工作时间去扯与工作无关的事，不但浪费工作时间，而且容易把人带进消极思想里去。电视剧往往与现实生活偏离较大，很多人扯来扯去不是怪自己命不好，就是怪自己没有一个好父亲，这些消极的思想就像瘟疫一样，会迅速感染那些抵抗力不强的售楼人员。

其实，这与我们经常讲的轻重缓急是一样的，要做最有效能的事，也就意味着要做A、B象限的事，即重要且紧急、重要但不紧急的事。我将

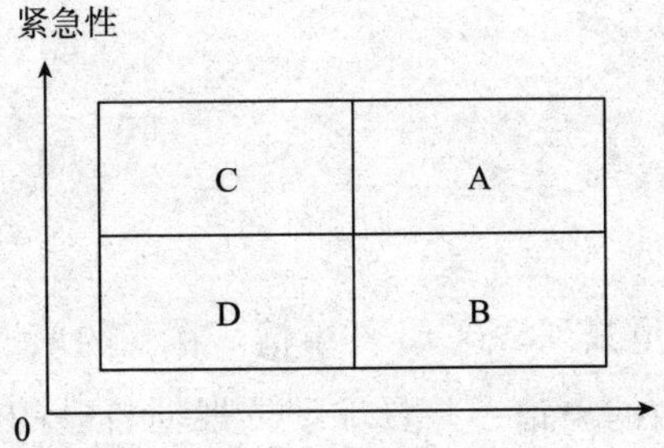

A象限的事称之为“救火”，是需要紧急处理的，但我不希望天天忙于“救火”，而要多从事B象限的事，B象限的事我称之为“挖井”，平时多做些“挖井”的事，一旦我们把“井”挖出来了，就天天有水喝了，“救火”的事自然就会少一些。

以我个人的经验来看，一个有效的售楼工作时间法则是，平均每天花20%~25%的时间做A象限的事情；花60%~70%的时间做B象限的事情；花10%~15%的时间做C象限的事情；花5%以下的时间做D象限的事情。实践证明，这种时间管理会比较有效。到底哪些是售楼人员A、B象限的事呢？我要求各位读者一起来做这个作业，把下面这些事情按你的标准填入A、B、C、D四个象限。

◇ 带顾客看楼；

◇ 同顾客签合同；

◇ 协助顾客交楼；

◇ 打电话问顾客住得怎样或与老客户进行感情维护；

◇ 打电话约顾客看楼；

◇ 打电话问业主楼卖了或租了没有（仅限二手楼买卖）；

◇ 接待前来看楼的顾客；

◇ 参加公司会议；

◇ 参加一次非常棒的培训；

◇ 阅读本书；

◇ 阅读其他专业书籍；

◇ 接听朋友打来与工作无关的电话；

◇ 接听顾客打来的咨询电话；

◇ 看娱乐版新闻；

◇ 聊昨晚那场精彩的足球赛。

由于篇幅有限，这里只列举这15件事情。在我的培训中，我通常会列出40项售楼人员经常做的事情，并要求学员根据自己的情况再列举出10项与这些不同的事，然后逐一填入A、B、C、D四个象限，之后，再与学员一起分析每件事的重要性与紧急性，并指导他们如何正确做事。你也要把你平时要做的事全部列出，并根据你的价值观来填空，然后严格根据时间管理法则来执行。

过有目标的售楼生活

要像售楼冠军“指南针”那样，制定你的售楼工作目标、阶段目标及详细计划，行动计划要细到每日工作，比如，你这个月计划要卖四套房子，那你必须计划每天带几个顾客看楼，为了实现这一目标，你要打多少个电话预约顾客。每一天都给自己一个指标，只要你每天都完成这个指标，你的目标就会慢慢实现。

为了实现每日的目标，你最好在前一天晚上睡觉前或早上起床后，迅速列出要预约的人员名单，并逐一联络，保证当天完成。此外，你还得根据你的目标，以上述方法计划如何提高自己的技能，并逐一实现。

切记，不要虎头蛇尾！

第17章
售楼冠军成功的十倍测试法则

记得我刚从事房地产销售工作时，一位与我同时进入公司的售楼代表，见我利用空闲时间看一些销售及心理学方面的书籍，很不以为然，同我大谈他之前做木材推销时的工作经验，说什么“见人递根烟，有话没话扯半天；请人喝回酒，生意十成有八九；回扣送出手，哼着小曲往家走”。不过，我很快就发现这些在房地产销售中完全用不上，只好继续多利用空余时间给自己充电。事隔这么多年，我再也没见过他，只是听说他又改行了。

房地产销售工作告诉我，“学习力也是销售力”。一个专业的售楼人员必须扎实学习ASK模型中涉及的三个方面知识，使自己更专业、更积极，并提升下列七个方面的楼盘销售能力：

（1）开发购楼新顾客的能力（二手楼中介包括开拓盘源）；

（2）寻找置业者需求的能力；

（3）消除顾客买楼异议的能力；

（4）主导楼宇买卖谈判的能力；

（5）说服顾客买楼的能力；

（6）维护老顾客的能力；

（7）向顾客推销自己的能力。

遗憾的是，不少售楼人员不曾买过一本关于房地产销售方面的书，或是参加过类似的销售培训。有的人即使买了一些销售方面的书，也不曾认真完整地读完其中任何一本，只是随便翻翻而已；有的人参加过一些培训，可根本就没有去应用过，只是在脑袋里多了几个概念而已。试想，这些售楼人员如何获取房地产销售方面的知识呢？如何迅速提升房地产销售能力呢？我不敢想象一个没学过医，没实习过的人就给人看病，一个没学过法律，没看过法律书的人就上庭帮人打官司。

要成为一个高效率的售楼人员，学习是必不可少的环节，这也是售楼冠军与非售楼冠军存在巨大差异的根本原因。一个专业的售楼人员如何有效地学习售楼知识、吸收“售楼营养”呢？

一、 十倍测试法则

有一次，一位推销员向我推销一套为期三天、价值4000元的销售课程，我觉得贵了点，有点不值得，但后来那位推销员的一番话让我改变了初衷。我记得他是这样说的：“邓先生，多年前我就发现，要准确估算某项产品的价值，就是要看他是否经得起‘十倍测试’的考验。您可能会把钱投资在房子、车子、珠宝等为您带来乐趣的事物上，但您拥有它们数年之后，它们给您带来的乐趣或升值的结果是否可以让您肯定地回答这个问题呢？您当初是否愿意付出比它的价格多十倍的价格来拥有它呢？您也有可能会把钱投资在健康方面，使您的身体状况大大得到改善，或者改变自己的形象，提升自信、增加收入，那您付出的也就值得了。而今天，如果您投资我们这套课程，一段时间以后，您会发现它将迅速改变您的观念，增强您的自信提升您的热情，并改善您的销售技能，从而极大地增加您的收入，对于这些发生在您身上的改变，相信即使用40000元，您也愿意去拥有它。”

学习就是经得起这种十倍测试法的测试，你可能要花一点点钱，花一点点时间，但哪怕是你只接受到一个观念，只学习到一个技巧，都会为你带来十倍、甚至数十倍的回报。

二、“借力”

一位父亲叫他的小孩在院子里搬石头，一开始，小孩很顺利地把几块小石头搬走了。后来，父亲叫他搬一块大石头，小孩使出浑身力气就是搬不动，于是，父亲问他：“搬走了没有？”小孩回答：“我力气不够，搬不动。”父亲又问他：“你用了全部力量没有？”小孩说：“我已经把全部力量都使出来了。”这位父亲走过去笑着对小孩说：“你没有使出全部力量，还有我啊，你可以借我的力啊。”于是他把石头搬走了。

听过这个故事的人不少，但真正懂得在工作中挥洒自如地“借力”的人却不多。华裔网球神童张德培，15 岁就夺得 1987 年全美青少年网球比赛冠军，成为美国历史上年纪最小的少年冠军。他的教练一直是他的哥哥张君培，经纪人是他的父亲张洪笙，这种“肥水不流外人田”的思想使他无法“借”到更多的经验。致使他在 1996 年的全美网球公开赛中，虽然半决赛以 3∶0 战胜了阿加西，但在决赛中输给了桑普拉斯（这是他职业生涯的最好成绩），使他的网球生涯没能划上一个完美的句号。

“借力”的眼光不能仅仅局限于公司或身边的几个人，要把眼光放到更大的范围中来。售楼工作中的“借力”方法是，可以买些相关书籍来阅读，丰富自己的知识；也可以向身边的同事学习，提高自己的实践能力；还可以结交更多的顶尖售楼精英，向他们学习顶尖的技巧。同时，可以借助公司的培训来学习，提高自己的专业水平；也可以参加公司外部的培训。有时，一点小小的投资，就可能“借”来别人几十年积累的技能及经验。今天，我们不仅要去学习新知识、新技巧，更要学习从哪里去获得新知识、新技巧。

三、 关于个人学习的几个误区

1. 学习就是吃药

很多人把学习和培训看成吃药，认为有“病”了才需要学习或培训。其实，这是一个错误的观念，学习和培训就像吃饭，需要经常进行，而不是等你觉得销售能力不够时才选择去学习或培训。此外，不少知识是会折旧和老化的，你必须不停地学习，以确保你脑袋里的知识和技能的新鲜程度。就以“激励”为例，其实我们每天都要洗澡，你不会说今天洗了，明天就不需要了，因为，明天还会有灰尘、汗等附在你的身上，明天你还需要洗澡才会舒服。今天，你被激励了，斗志高昂，非常有激情地工作，明天还可能会有负面思想，甚至会有挫折发生在你身上，这可能会打击你的士气，让你不自信，这就需要新的激励。

2. 学习就是学习全新知识

当我们经常保持学习状态时你会发现，每买一本书，每看一次电影，每参加一次培训，都会遇到你以前学过的东西，这时，有些人就会认为，这一次学习没有价值。其实不然，有一句名言：“人生伟业，不在于能知，而在于能行”，知道了并不代表你行动了，如果遇到这种情况，你可以检讨一下自己，并加强自己的行动力。

近年来，我看过的销售书籍、录影带、光碟以及参加的培训的数量可以以千来计，其中，有很好的内容，也有一般的内容，有一些可以说很烂。当我看到、听到一些不怎么样的内容时我就会想，这一点在我的工作中一定要避免；当我看到、听到一些相同的内容时我就想，我可以重新复习一次，总之，凡事必有利于我。当我抱着这样的态度去学习时，我真的发现，自己的进步速度非常快。所以，一个专业的售楼人员是根本不应该逃避公司培训的，哪怕是参加过的。

3. 学习就是学习经验

如果教你学习的人曾经是一位售楼冠军当然最好，他的案例可以让你更容易吸收，但有一种现象是不可避免的，就是售楼冠军未必会是培训冠军。假如我问你：在雅典奥运会上夺得 110 米栏世界冠军的刘翔退役后一定会是一位世界级的田径教练吗？答案是不确定的。美国游泳名将史毕兹被称为美国“水怪”，在 1972 年慕尼黑奥运会上，以震惊全世界的成绩，一个人夺得 7 枚游泳金牌，你可知道，他的教练康门索先生并不会游泳。

所以，在你学习售楼知识和技巧的过程中，你要相信专业的力量，只要他具备专业水准，就是可以“借力”的。

礼仪篇

第18章 如何让买楼者像父母一样绝对相信你

有一次，一位老同学来找我买楼，签合同时，我先给他解释了一遍合同的相关条款，然后递给他，让他再看一遍。他说："还看吗？不用了吧？"说完就签字了。现在，我要大家想象一下，假如你的父母要买楼，你给他们推荐一套合适的房子，做决定时，他们会害怕吗？会怀疑吗？你谈好的价格，他们还需要重新跟你谈吗？

你和你的父母之间存在着一种高度的信赖关系，这种信赖关系使得你的父母完全相信你。如果客户对你的信赖，同父母对你的信赖程度一样，那你向他们推销楼盘将是轻而易举的事。顶尖的房地产销售行为主要是推销"信赖感"，只要你向置业者表现出在大小事情上你都是个可以信赖的人，是个信守承诺的人，并且你时时都会替他们着想，那么，客户就会信赖你，楼盘认购书就会雪片般向你飞来。因此，如果对一个房地产销售人员的推销水平进行划分，可以分为如下四个层次：

◇ 三流售楼代表销售房子本身；

◇ 二流售楼代表销售房子带来的好处及利益；

◇ 一流售楼代表销售房屋所能解决的问题方案；

◇ 顶尖售楼代表推销自己（即推销信赖感）；

一个售楼人员应该如何赢得客户的信赖呢？如何推销自己呢？成功地推销自己需要分两步来实现：一是把自己推销给自己；二是把自己推销给别人。一个连自己都不喜欢的人，又如何能让别人喜欢呢？因此，在你成功地把自己推销给别人之前，必须先把自己推销给自己。你必须喜欢自己，并且不断地改变自己，直至你相信自己是最好的。成功地把自己推销给自己，可以通过以下的方法来实现。

一、 改善你的肢体语言

“推销之神”原一平在初入保险业时，屡屡受挫。一次，他去庙里向和尚推销保险，跟老和尚说了半天，不见任何反应，在他无奈起身告辞之时，老和尚对他说：“年轻人，一个人连自己都不喜欢，怎样让别人喜欢他呢？”这句话改变了原一平的一生。他从此勤练笑容，共研究出 36 种不同的笑，并加以运用，终于取得了非凡的成就。

一个售楼人员如何让自己喜欢自己呢？每天早上起来，镜子里这个人的形象令你感到满意没有？如果感觉哪里不满意的话，要怎样改善你才会满意呢？这个人的微笑、声调、语言，以及姿态等你是否满意呢？怎样才会令你满意呢？要遵循“满意”原则，不断改善自己的肢体语言。此外，在与人交往的过程中，当你对别人的形象及肢体动作不满意时，可以以他为镜，检查自己是否也有类似的现象。当你不停地完善自己的时候，别人对你的信赖感就会越来越强。

二、 积极的想象和自我暗示

如果说一个买楼者最怕买错楼，那么一个售楼人员最怕的是被买楼者拒绝，这种“害怕”情结在新入行的房地产销售者身上更为明显。害怕让人畏首畏尾，处处担心，不能自由地展现最好的自己，从而使自己在客户心中的印象分大打折扣。

消除这种害怕的有效方法是积极的想象和自我暗示。当一个买楼者第一次走进来时，你可以想象某个你曾经与客户成交的场面，以消除心中的害怕及不安；或者进行自我暗示——这个人一定要跟我买楼，从而激起你的热情，非常自然大方地迎接上去。当你在心里积极想象或自我暗示时，你的害怕就会减轻，甚至消失，从而让你达到最佳状态。当你拿起电话，带客户看楼，与客户谈判、签订合同，或者服务客户时，都可以运用这个方法。

三、 生理带动心理

我们的肢体动作通常是受心理影响的，比如，沮丧时，就会低头不语；兴奋时，则会抬头挺胸，做出一副准备仰天长啸的样子。其实，肢体动作同样可以影响心理，就像足球运动员进球后的肢体动作，假如你也在原地跳几下，做出胜利的“V”手势，就会感到一股强大的力量注入你的身体。

每一个人都会有疲惫、沮丧、受挫、被拒绝的时候，这必然会使我们的心理受到不同程度的影响。为了使这种负面情绪对你的影响降到最低，特别是在接待买楼者时，不妨试试这几个动作：握紧拳头，用力握几下，深呼吸几次，或者上下跳动几下，这将使你的情绪迅速调整过来，以更好地状态迎接客户，迎接新的工作。

把自己推销给自己，只是把自己推销给别人的第一步，把自己推销给别人，不仅要在“包装”上推销自己，更要在“内涵”上推销自己，让自己真正成为一个可以值得信赖的人，这需要从一点一滴的小事做起，从细节做起。比如，你跟客户约好早上 8 点看楼，就绝对不能以下雨、塞车等为借口迟到，没有做到的事情，要勇于向客户道歉，并说明补救措施。信赖感正是通过这种“芝麻小事”一步一步建立起来的。

第19章 怎样让自己看上去就像房地产专家

自古以来，我们就被教导“不可以貌取人”，古言“路遥知马力，日久见人心”，就是最好的佐证，因为容貌根本就不是判断一个人的才华、品德的标准。正如塞缪尔·斯迈尔斯的一句名言：“如同粗糙的果皮，有时可以包裹最甜蜜的水果一样，粗俗的外表往往掩盖着善良和诚挚的本性。”因此，一个人的才华与品德实际上与他的外表没有联系，一个人的年龄、体型、信念或性别等并不是构成这个人能力的要件。

教育虽然如此，但在今天的生活中，往往都是“以貌取人”。这并不是因为现代人不尊重教育，也不是因为现代人特别注重外表，更不是因为现代人不懂得不能以貌取人的道理。

“路遥知马力，日久见人心”，那是因为古人的交际圈小，大多数时候都是“抬头不见，低头见”。而今天，由于“地球村”的出现，人们生活的范围更大，活动的频率更高。我们面临着日益复杂的环境和越来越多的选择机会。现代生活的节奏感代替了漫不经心的悠闲的生活方式，生活及工作中的大多数事情都需要我们快速决策，不可能有太多时间去思考，只好凭借首轮效应来判断。以卖楼为例，如果一个售楼人员以一副衣冠不整又萎靡不振的样子去接待顾客，要顾客“路遥知马力，日久见人心”，可以想象一下会发生什么事情？顾客不是马上到隔壁的楼盘或中介门店看楼去了，就是掉头走了吧。就算勉强跟你看楼，也仅仅是看而已。

首轮效应，也称为第一印象，顾名思义就是一个人第一次接触你时在他脑海里产生的印象。第一印象大概在见面时4秒至4分钟形成，由你的外表（仪容、仪表、仪态）、声音和动作决定。它有瞬时性、非理性、经验性、不可逆转性四个基本特点。也就是说，它是瞬时形成的，由对方的个人经验进行非理性判断所决定，对任何人，你只能有一次第一印象。

莎士比亚说："衣着代表个人"，讲的就是一个人的衣着打扮非常重要。其实，你给客户的第一印象主要是由你的衣着打扮决定的，有专家称，你给人的第一印象95%来源于你的衣着，因为在大部分时间里，衣着遮盖了身体95%的部分。当有人告诉你不要用衣着去评判一个人时，其实他是在否认事实，实际情况是，人们一般都是根据你的衣着品位来评判你的。因此，你必须精心挑选你的衣着，穿出成功人士的样子。虽然衣着没有明文规定，但还是有一定规律可循的，比如，没有哪条法律规定男人是不可以穿裙子的，但男人一般都不穿裙子（个别国家除外）。

作为一个售楼人员， 应该如何选择衣着呢?

首先，我们来看一下顾客眼中糟糕的售楼人员的形象是怎样的？根据调查显示，这些形象最不受置业者欢迎：仪表方面——衣冠不整、邋遢、搭配不当、随意、花俏、暴露、不合身、破烂、皮鞋不干净等；仪表方面头发蓬乱、无精打采、留胡须、眼角和鼻子里有异物、身上异味重、指甲过长并有污垢、饰品过多等；仪态方面夸夸其谈、举止不文雅、姿态不端庄、有不礼貌动作等。

作为一个专业的售楼人员必须避免这些糟糕的形象，保持专业的穿着。一般来说，公司都会有统一的职业装，如果公司没有统一的职业装，你也必须穿出职业感来，以套装作为首选。在穿着职业装时，一定要符合公司要求，不要有制服却不穿制服，或者制服与便装混穿在一起。

就职业着而言，男士要注意以下几点：质地要稍好一些；西装袖口的商标要摘除；上衣衣扣有讲究，如果是单排扣西装，请不要扣最下面的那颗扣子；衣袋里面不要乱放东西，不要让衣袋变成"百宝箱"；衣服一定要熨平；鞋袜要与西装配套，一般要穿深色袜子；领带不能过长或过短；西装里面不能穿高领内衣；衬衣的袖口一般需外露一点；没有打领带，一般不需系西装扣子，显得洒脱一点；等等。女士要注意以下几点：款式不能太旧；尺寸合适最为重要，忌讳过大或过小；注意正确搭配，忌讳乱搭配，如穿套装上衣，却穿牛仔裤；忌讳乱配鞋袜；饰品不能过多，一般不超过三件；忌讳穿着暴露，分散顾客注意力；忌讳穿破损的丝袜；等等。

此外，对印象形成的重要程度，首先是色彩，其次是形状，最后是质地，所以颜色是最容易给人留下印象的。因此，无论是公司统一制作职业套装，还是自己选购，都要注意色彩的搭配。一般来说，着装在色彩选择上有一个“三色原则”，即全身不能超过三种颜色。从色彩学来讲，每一种颜色代表着不同的情感，你可以根据需要选择适当的色彩。中国人比较适合深蓝色或深灰色职业装，慎用咖啡色或橄榄绿。

表 19-1　色彩学中各种色彩代表的情感

颜色	代表的情感	颜色	代表的情感
蓝色	平静、真实、理性、宽容	黄色	愉快、成熟、幻想、嫉妒
紫色	高贵、浪漫、神秘、优雅	黑色	肃穆、稳定、多思、忧郁
绿色	年轻、诗意、和平、健康	白色	明朗、神圣、清纯、素雅
红色	热情、奉献、激动、勇敢	灰色	平凡、谦逊、温和、传统

第20章 如何让你的形象价值百万

虽然第一印象大部分来源于衣着，但你身上没有被遮蔽的5%，也会影响第一印象的建立。假如你戴着墨镜带顾客去看楼，当你取下来的时候，你会发现自己变得更有效率了。一个专业的售楼人员应该以怎样的形象给顾客留下良好的第一印象呢？

一、 整洁的发型

做任何事情都要从“头”开始，头部占据着身体的制高点，对形象非常重要。人的头发有多有少，有长有短，但总体原则是要保持干净整洁、长短适宜。对男士的头发一般有“三不”原则，即前面不遮住眉毛，后面不抵衣领，两侧不掩住耳朵；女士的头发最好束发或盘发，显得干练，如果是短发，则保持不超过肩膀的长度，在办公场所，忌讳披头散发。此外，作为打造职业形象的要求，最好不染黑色以外的颜色，特别是鲜艳的颜色，更忌讳同时染几种颜色。头发细软者，可适当使用一些定型摩丝，但要注意天天清洗，不要有头皮屑。

二、 清爽的面孔

五官端正中的“五官”指的是眼、鼻、耳、口、脸部皮肤，这包含了整张面孔。五官长得怎样是先天的，但清洁、保养则要靠后天养成的好习惯。从售楼职业要求来看，保持清爽的面孔，首先要“修三毛”，即胡须、鼻毛及耳毛，作为一名售楼人员，最好不要留胡须，无论是八字胡还是山羊胡，鼻毛也不能“探头探脑”，要及时修剪，鼻子里更不能有残留物；其次是眼部的保洁，眼角不要残留异物，注意休息，避免眼睛布满血丝，带客看楼时不要戴太阳镜；最后，要保持双唇干净，牙齿整洁，无残留食物，还要消除口腔异味，抽烟者可随身携带口香糖；此外，还须勤洗脸，保持面容洁净。

三、 干净的手

干净的手是售楼人员的第二张名片，一定要注意卫生，勤洗手，尽量不要留长指甲，定期修剪。不涂鲜艳的指甲油，即使涂，颜色与肤色相近为佳（指女士，男士一般不涂）。此外，千万不要在公众场合抠鼻子，这个动作不雅观，更不卫生。

四、 化妆

对于女性售楼人员来说，化一个淡妆将会让你看上去更专业，同时，也更能表现你对别人的尊重。职业妆应以自然为原则，根据自己的情况，扬长避短，不要刻意模仿别人。妆容要整洁、雅致，不过度修饰。

五、 其他

在仪容方面，还需注意以下几点：勤洗澡、勤换衣，不要让身体发出汗臭味，特别是有狐臭的人士，更要注意；不要在公众场合让身体发出异响，让大家陷入尴尬；耳环、项链、戒指等饰品不宜过多，不要超过三件；不要用太浓的香水，太浓的香水会拉低你的形象分；平时多运动，保持适宜身材，肥胖将使你行动不便，影响你的活动力甚至业绩。

第21章
怎样提升置业顾问的“面值”

在我17岁时，朋友给我安排了一次相亲，我没有经验，因此很紧张。我们能情投意合吗？见面时我该说些什么呢？正当我胡思乱想时，我开着车子到了那个女孩的家门口，我按响了喇叭，她就出来了。当我第一眼看过去时，我觉得她是我见过最丑的女孩，心情极其沉重。当她进入车子，她的同学把她介绍给我时，她的微笑把整个车子都点亮了。在最初的60秒谈话中，她成了我所见过的最漂亮的女孩，她整个晚上都在微笑，她的微笑撬开了我的双眼。在那个晚上以前，我从来没有对相亲抱有过幻想。

这是乔·吉拉德在他的著作中讲述的一个关于自己的案例，在看完这个案例后，你觉得微笑到底有多大能量呢？微笑又能给我们带来些什么呢？

有人说，微笑是建立信赖感的第一步；有人说，微笑是一种魅力；有人说，微笑可以破除两人之间厚厚的墙壁，使双方打开心扉；有人说，微笑可以驱散悲伤、不安、自卑，也能打破僵局；还有人说，微笑可以保持健康和活力。总之，这一切都说明微笑是一种伟大的力量。

如果说仪容、仪表是建立信赖的硬件，微笑则是让这个硬件发挥功效的软件之一。我们每天洗脸、刮胡须、化妆、换衣服，无非是要保持一个良好的形象，给人一种良好的感觉，如果我们同时奉上一张满是笑容的脸，效果将会倍增。当你紧锁眉头时，别人只会锁得更深，当你向对方报以一个微笑时，则会得到成倍递增的回报。在恰当的时间、恰当的场合，一个简单的微笑就可以创造一个奇迹。售楼人员应如何使自己的微笑发挥最大功效呢？

一、 时刻展现你的笑容

这一条对大多数人来说很难做到，也有人会质疑，难道当我们不想笑时还得笑吗？无论你心情多么沉重、多么哀伤，你都可以报以一笑，给人一片晴朗的天空；当你看见别人脸上没有微笑时，也可以给他一个微笑，让他舒展紧锁的眉头。世界上最大的零售企业——沃尔玛公司的员工培训中有一个关于微笑的“三米原则”，讲的就是在三米之内只要有人，脸上一定要有笑容。因此，要时刻展现你的笑容，起码是在有人的时候，一定要露出你最好的笑容。

有人说，那我们到底笑些什么好呢？我觉得笑什么并不重要，留给顾客去猜想，会来得更有效。请问陈列在巴黎卢浮宫那幅达·芬奇的《蒙娜丽莎的微笑》到底在笑什么呢？有人说蒙娜丽莎微笑是因为她的心碎了，是真的吗？这恐怕也只能由我们去猜想了，而正是这种猜想，让它越发显得神秘，更让世人仰望。因此，不论遇到什么情况，不论是否值得笑，我们都要报以微笑。

二、 用你的整张脸来笑

据说日本有一种培训销售人员笑容的方法，就是让销售人员每天用牙齿横咬一根筷子，这样久而久之，被训者就可以保持非常好的笑容。到底最好的笑容是怎样的呢？有人说是露出八颗牙齿的微笑，也有人说是露出六颗牙齿的微笑。是这样吗？其实，这只是概括了微笑的一部分，一个真诚的笑容不单是嘴唇的动作，更是用整张脸笑出来的，它包括眼神的闪烁、眼角的皱纹、面颊的收缩、眉头的舒展、发出的声音甚至是鼻子的状态。要发挥微笑的最大功效，就必须用你的整张脸真诚地笑起来。

三、 大声地笑出来

美国联合航空公司在招聘空姐时有这样一个特殊环节，就是主考官背对着面试者，听其笑容如何，原来笑容是可以听出来的。真诚的笑容必须是发自肺腑的，是可以被听见的。因此，微笑时需要保持一种自然的声音，特别是在与客户进行电话交谈时，也必须保持笑容，因为，你的笑容可以通过电话线感染另一端的人。当然，笑声的音调需适宜，要视情绪调节，男士忌讳惊天动地，女士忌讳笑个不停。

四、 笑出你的感情

我们在照相时总是喜欢一起喊“茄子”，据说这一声“茄子”正好可以展露我们的笑容。真诚的微笑不能被“商业化”，要有感情在里面。不但要有说“茄子”时的样子，更重要的是要有真实情感在里面。不同的笑容里会含有不同的感情色彩，这些感情色彩是可以传染给客户的。被誉为“百万美金的笑容”的日本“推销之神”原一平的微笑就多达 36 种，各具感情色彩。你不妨也利用空余时间练习一下：

◇ 婴儿般的微笑
◇ 由衷的、爽朗的大笑
◇ 感动而压住声音的笑
◇ 喜极而泣的笑
◇ 逗人转怒为喜的笑
◇ 抑制辛酸的笑
◇ 解除对方心理压力的笑
◇ 岔开对方情绪的笑
◇ 使对方放心的笑
◇ 充满优越感的笑
◇ 愣住之后的笑
◇ 言归于好的笑
◇ 与对方意见一致的笑
◇ 使对方兴致顿开的笑
◇ 吃惊之后的笑
◇ 感到意外之后的笑

◇ 感到无聊时的笑
◇ 挑战的笑
◇ 大方的笑
◇ 开朗的笑
◇ 含蓄的笑
◇ 夸张谈话内容的笑
◇ 抑郁的笑
◇ 故作迷糊的笑
◇ 愕然的笑
◇ 尖锐的笑
◇ 与对方同喜的笑
◇ 微笑
◇ 意外地感到满足的笑
……

第22章 你是否犯过不经意间扼杀成交的错误

有一次，一位教师来我公司放盘，在物业顾问的游说下她同意由我公司独家代理。在签订《独家委托书》时，她要求的售价比市场价高出500元/平方米，把物业顾问吓了一跳。物业顾问跟她解释这个价格现在卖不出去，她就说她的同事以前就是以这个价格卖出去的（那是两年前的事了，那之后广州楼价连年走低）。不管该物业顾问怎样跟她解释，她就是认定这个价格，并开始转移话题，对《独家委托书》进行挑剔，一页A4纸的《独家委托书》是经过专家设计的，其中条款对业主及中介公司是权利与义务对等的，可她不是说这条对她没保障，就是说那条不合理，一共才五六个条款的《独家委托书》，被她改得面目全非，完全失去了“独家委托”的意义，跟一份普通的《业主委托书》没有什么区别了。

该物业顾问跟她争论了大半天，恰好被我撞上，我简单了解情况后，跟这位教师说：“这份《独家委托书》就算按您的意见修改，您也很可能是个输家，因为房子根本就卖不掉。”这位教师听后一愣，口头上却没有示弱，接着说道：“卖不掉不要紧，但内容就是要修改才合理。”我立即说：“修改《独家委托书》内容不要紧啊，按您要求的这个价格能卖出去，我想就算再多签几份您也不会拒绝吧?”

对方毕竟是有知识的人，我这一番相对强硬的措辞让她顿悟，问题的关键根本不在《独家委托书》的条款上，而在楼盘的委托价格上，这根本就不是一场条款本身的纷争，而是情感引起的口舌之争，这么高的价格，

《独家委托书》怎样签订都没有意义，八字都还没有一撇的东西，扯得再清楚又有什么意义呢？于是，我赶忙跟她解释了当前房地产的形势及她的楼盘附近的市场情况，为了让她相信当前的市场价格，我特意找了一份上个月在她楼盘附近成交的合同给她看，并解释了一下公司的品牌和实力，以及她的楼盘由我公司独家委托的好处等。于是，她爽快地签下了这份《独家委托书》。

这是二手楼买卖中时有发生的一个现象，在售楼过程中，当你带顾客看现场、看样板房，解说规划、楼价，解释合同或者其他相关事宜时，是否也碰到类似的事情呢？很多售楼人员在处理这类事情时，往往把握不住事情的关键，为了表现自己的专业，经常避重就轻地跟顾客理论，往往是赢得了面子，赢得了所谓的专业形象，却丢失了顾客。很多售楼人员把向置业者推销楼盘变成了官司或辩论会的热身赛，趾高气扬、夸夸其谈，忘记了自己是在向置业者推销楼盘。中国人很爱面子，当你越想在言语上击败对方时，对方的反抗就会越强，即使你在口头上赢了对方，又能怎么样呢？对方肯定是口服心不服，还怎么可能跟你买楼呢？

作为一名售楼人员，当你遇到这些情况时，又应该如何避免不必要的争论呢？

当你遇到与顾客的意见不一致时，不要忙于发表你的高见，关键要搞清楚问题在哪里，然后冷静地处理。如果顾客所讨论的事情根本就是无关紧要的，或是与主题无关的，千万不要加入战局，要旁敲侧击，把讨论的话题拉回关键点上。有效避免售楼中的各种争论的方法主要有以下几种：

（1）保持微笑，沉默应对。无论顾客与你有多大分歧，都不要急于反对，要冷静面对，要时刻在脸上堆起笑容，你的笑容可以缓和紧张的气氛，注意千万不能冷笑。搞清问题关键点后，设法转移谈论焦点，引入正题。

（2）打断话题，转移谈话内容。如果顾客的小孩刚好在旁边，可以问他的小孩读几年级了？几岁了？经常去哪儿玩儿？转移至与主题无关的话题，从而转移他们的视线。

（3）转身做一件小事，缓和气氛。比如去取一样东西，与第三人打声招呼，咳嗽几下，或摸摸鼻子，具体做什么事，可视当时情况灵活应对。

（4）改善谈话的气氛。比如帮顾客倒茶，或递一支烟等，让对方放下敌意或戒备心理。

（5）表示歉意，以扰乱顾客对争论的兴致。对于一些无关紧要的争论，明知无过错，也可以表示歉意，让顾客不好意思再谈论下去，从而改谈其他话题。

（6）让顾客等一下。很多时候，为了避免对于非主题的争论，可让顾客等一下。比如说："这个问题我们等一下再谈，先看一下这个。"

此外，有些顾客会说："这个我还不明白，我有好多房地产界的朋友""我看过很多楼啦，难道还不明白吗"；等等。这时，你千万不要与他争论，唯一要做的就是认可他，这些人之所以会这样说，很大程度上是一种"渴望被欣赏"的心理在作祟。你可以这样说："我完全理解您的感受，假如我站在您的立场，我也一定会这么想。"诸如此类的认可语句，让对方放下敌意或戒备心理，从而转移话题。

切记：你的任务是销售房屋，而非赢得辩论。

第23章 如何通过音调的魅力来提升售楼业绩

生活中有这样一种现象，一模一样的话，由两个人说出来，或者同一个人不同时间说出来，所表达的意思可能完全不一样。例如，“你可以买得起这套房子”，就这么简单的一句话，如果一个售楼人员用升调来结束这句话，表示对顾客购买能力的一种质疑；相反，则会变成一种肯定或者钦佩。一句话在不同的音调中，意思为什么会有如此之大的差别呢？这到底发生了什么？

艾伯特·梅拉宾（Albert Mehrabian）进行的一项著名实验揭示，人类传递信息的方法主要有文字的、声音的和视觉的三种。这三种传递方式在传递过程中所占比例如下：

表 23-1 传递方式在传递过程中的占比

交流方式	传递方式在传递过程中的占比
文字（词语）	7%
声音（语气、音调、语速等）	38%
视觉（肢体语言，也叫肢体动作）	55%

这表明，文字及词语本身能传递的信息非常有限，大量信息要靠声音及肢体动作来传递。一句话所表达的意思主要通过讲话时的声音及肢体动作来传递。怪不得在动物世界里没有文明，动物能发出的声音只有几个简单的音调，加上一些并不丰富的肢体语言，却能够传递信息。

中国有句古话:“说者无心，听者有意”，我想道理就在于此吧。许多售楼人员在工作中都说着“正确的话”，却没有以“正确的方式说话”，以至于经常不能传达“正确的信息”。这主要是因为他们没有正确地使用声音，导致在与顾客或同事进行沟通时发生短路。因此，售楼人员好好地磨炼一下自己的声音是十分有必要的。

声音主要通过词语（说话的内容本身）、音频、音调、发音、语速以及变化传递信息。当然，说话时的表情（肢体动作）也影响着信息的传递。当一个人说同样一个词时，用热情的声音和单调的声音说出来，给人的感觉是完全不同的；一句话的最后一个词，拖长发音，用升调与不拖长发音，用降调表达的意思完全不同；说一句话时，中间突然停顿，缓冲一下再说完，有时会传递出言外之意。

音频、音调、语速等的变化可以表达出远远超过文字本身的信息。你的声音可以展示你的热情、渴望、友善等情感，甚至可以表达出你是否希望顾客购买这个楼盘。顾客也希望得到专业的指导，你的声音恰恰可以说明你是否专业，专业人士一般总是以一种自然的语气表达自己的观点。作为专业的售楼人员，必须注意声音在售楼过程中发挥的作用，并加以运用。在这里先来简单练习下面这句话:

您的这套房子售价比较低

当你试着用不同的音调来说这句话时，你会发现你说的意思完全相反。当你用升调来说“比较低”三个字，略为拉长“低”字发音时，听起来是你对“比较低”产生了怀疑；如果你用降调和平缓的语气说出来，则是肯定和相信的意思。因此，我们在表达肯定、传递信心时，千万不能用升调来结尾，要用降调。

专业的售楼人员除了注意自己的音调之外，如何能让自己的声音更有魅力呢?

（1）保持声音低沉、明朗、浑厚有力。这样的声音最具有磁性，给人可以信赖的感觉。当然，你不需要太刻意发音，如果你的语调偏高，则需要练习一下，设法让自己的语调低沉一些。如你想改变，一定要勤加练习，否则，你发的音就有可能走调，给人不是浑厚有力的感觉，会起反作用。

（2）咬字要清晰、说话层次分明。说话时最怕咬字不清以及层次不分，讲半天，还没让人听明白。咬字不清有时跟结巴差不多，让人听得很辛苦。不少人乡音比较重，一定要注意个别字的发音，让置业者听明白。层次不分是讲话的大忌，如果你常犯这个毛病，一定要多练习，加以改正，这个问题是完全可以避免的。

（3）语速得当。只要是运动的事物，都有速度之分，哪怕是光线，也可以通过改变介质来改变其速度，一个人的语速当然也是可以改变的。我们通常用慢速、中等、快速来对语速进行划分。你与顾客沟通的有效语速是与顾客保持相同的语速，其中的原理涉及神经语言学的范畴，在这里不加论述。

（4）适当停顿。与人谈话时，一句话不能太长，要适当停顿。此外，当顾客分心或有不同意见时，也可以适当停顿一下，让他回到你的谈话中来，或缓解一下气氛。

（5）语句与表情相互配合。讲话时的肢体动作对传达信息起着关键作用，一定注意你讲话时的动作及表情。情绪低落时，更要注意控制自己的表情。

（6）措辞高雅，运用幽默。措辞尽量高雅一些，当然，也得看你的顾客的层次。从神经语言学的角度来说，你的措辞与顾客保持同一个水平会更有效，但一些不好的口头禅、脏话还是不能乱说。幽默会让你与顾客很快拉近距离，专业的售楼人员必须不断提升自己的幽默感。

第24章

如何引爆顾客的购楼热情

英国广播公司（BBC）报道，2004年7月2日，在被秘密关押了7个月之后，萨达姆终于出现在伊拉克特别审判法庭上。通过公开的录像画面可以看出，萨达姆没有丝毫认罪的意思，他当时的心理状况如何？他的脑子里在想些什么呢？

美国肢体语言专家帕蒂·伍德在仔细研究录像后指出，萨达姆看上去并没有出现自乱阵脚的迹象，正如被抓获时在录像上表现出的姿态一样。但萨达姆经常低着头，两肩耷拉着，这都是缺乏权力的标志，是一种失败者的本能迹象。萨达姆在接受审判时的身体姿势也表明他已经被击败，尽管他仍在反抗，但他身上透露出的是一种失败的信号。帕蒂说："萨达姆有时也确实发出强烈的挑衅信号，他总是重复同样一句话，并用手指指着提问者，这是一种攻击性姿势。他的手指就像一把枪，指着提问者，意思是说，'你怎么敢挑战你们国家的首脑'，他想象征性地杀死向自己挑战的人；他手里拿着笔在空中舞动，钢笔象征匕首，他想让自己成为在别人眼中可以伤害到其他人的强者；两只手的指尖顶在一起，这也被称为塔顶姿势，这种姿势是一些曾经有权的人在需要赢得主动权或者自控权时做出的；他瞪眼，这是所谓的专心倾听式姿态，既表明他在认真听对方说话，也想让对方感到不自在，让提问者感到害怕。"

正如艾伯特·梅拉宾的实验结果揭示的那样，在人类传递的信息中，

55%是靠肢体语言来传递的，肢体语言是传递信息及情感的一种最重要的方式。作为一名售楼人员，在售楼过程中，要通过肢体语言给顾客传递哪些重要信息呢？通常人们会被令人高兴的事感染，当你在第一时间就把热情倾注到对置业者的接待中去时，这对你向他推销楼盘是一个非常好的开端。在售楼过程中如何用肢体语言将你的售楼热情传递出来呢？通常采用以下的肢体动作：

一、正确的姿势

“站如松，坐如钟，行如风”讲的是我们对站、坐及行的姿势要求。“站如松”要求我们站的时候要抬头、挺胸、收腹、提臀、含额和夹肩，站立时双腿不要分开过大，双脚不要动来动去；“坐如钟”要求我们坐姿稳重，不要深坐，整个人陷在椅子或沙发中，双脚不要敞开，女士要求双腿并拢，不要脱鞋、跷二郎腿；“行如风”要求我们走路的步伐要轻盈、稳健，不要左顾右盼，不要蹦蹦跳跳，不要发出异响等。

二、适当的目光接触

眼睛是心灵的窗户，眼睛能表达很多情感，托尔斯泰说：“眼睛可以传达87种表情，而且各不相同。”“暗送秋波”就是一种较高的境界。一名专业的售楼人员应组合使用目光注视与微笑，向置业者表达出“我很高兴，很乐意为您服务，我一定可以帮到您”的情感。要与顾客保持良好的目光接触，目光不应像激光似的盯住顾客的眼睛，可适当地在顾客的双眉与鼻子的三角区域移动。要选择正视的角度，切忌斜视或扫视，也忌讳从头到脚上下打量顾客。

三、身体适当前倾

无论是坐着还是站着，当你与顾客交谈时，身体适当前倾，将表现出你对顾客讲话的专注。一般来说，微微前倾即可，角度在15度左右为佳。在与顾客交谈时，切忌把手放在头后仰着或躺着，好像睡着了似的，这是对顾客的不尊重。

四、 正确的手势

与顾客接触的过程中，手势宜少不宜多，要表现得临阵不乱，避免张牙舞爪。与人沟通时一定要有意识地把双手张开，张开表示欢迎及开放，可以立即提升你的交际能力。此外，一定要掌心向上，这是一种开放与值得信任的肢体语言，避免使用“交警式”的掌心向下的动作，这种手势会给人带来不舒服的感觉。握手时一定要传达出自信的、有力的信息，但不要用力过度。握手时，肘部稍微弯曲，拉近与顾客的距离，并保证掌心向上，让人感到信任。与一群人握手时，一定要从最近的那位开始，目光正视对方。

五、 微笑

微笑是售楼过程中的“通用货币”，俗话说：“微笑如同三春暖，恶语一句似冬寒”，这就说明了微笑的重要性，已在前面章节重点论述。

正如积极的肢体语言可以向顾客传递售楼热情一样，消极的肢体语言则会向顾客传达相反的信息，对你的售楼工作造成阻碍。一名专业的售楼人员必须避免下面三种肢体语言：

（1）双臂交叉于胸口。这是一种抗拒的姿势，表明自我封闭及自我防卫。

（2）双手放在口袋里。这通常给人一种不安或多疑的感觉，双手无法张开，看上去无精打采。

（3）身体躲在物体后面。你与顾客之间隔着桌子、椅子或其他物体，会造成对抗的心理。接待顾客时要主动走出来，最好将顾客带到圆桌旁边坐下。一手楼售楼部的前台主要是装修门面的作用，不要让顾客坐在前台咨询，应主动引领顾客到专门的圆形洽谈桌上进行相关咨询；在二手楼中介，即使场地无法满足顾客需要，也应尽量避免这种肢体语言的出现。

第 25 章 如何通过接触顾客身体，让其购楼信心暴增

人类主要通过三种方法处理外来信息，即视觉、听觉、触觉（见表 25-1）。主要以视觉来处理信息的人称为视觉型，他们喜欢“眼见为实”，讲话特别快，经常说“看起来挺好用的”等；主要以听觉来处理信息的人称为听觉型，他们喜欢根据你讲的话做判断，语速中等，经常说“听起来怎么样”“你不是说什么”；主要以触觉来处理信息的人称为触觉型，他们喜欢想象，讲话比较慢，经常说感受，如摸一张椅子后可能说：“摸起来挺扎实。”

表 25-1　人类处理信息的方式

处理方法	特　征	所占比例
视觉	是读者，喜欢以圆形、表格、说明书、相片等视觉形式了解某种特别的想法和观念，他们会说：“看起来不错”	35%
听觉	是听众，喜欢根据听到的话来处理资讯，他们会说：“听起来不错”，他们是相信直觉的人	30%
触觉	判断事物受触觉的强烈影响，虽然每个人都受触觉影响，但这类人对任何事情的感觉都会特别敏感，他们会说：“感觉不错”	35%

从神经语言学的角度来分析，与这三种类型的顾客沟通，最好与他们“同步”，因为人都有爱屋及乌的心理，与自己类型相同的人在一起容易建立信赖感。因此，与视觉型顾客沟通，你可以加快语速，多用“您看这个

户型很实用”“您看这里的景观特别好”“您看这些施工材料的质量都是上乘的”等与看有关的句子，讲话时做些必要的指引手势，多让顾客参与看的过程，让他用看到的结果去判断。对于听觉型顾客，要保持中等语速，与顾客同步，多用“住这里，每天早上您听到的都是鸟叫声”“这里夜晚都是很安静的，就是一根针掉地上，都听得见”等与听有关的句子，让顾客产生联想。对于触觉型顾客，当然也是与他同步，让他参与到售楼的介绍中来，如在介绍样板房时，可以让顾客触摸水龙头、洁具等，让他感受房屋的质量；二手楼也可以用同样的方法介绍房屋；介绍之后，一定要问他感觉怎么样；此外，还可以通过适当地与顾客保持身体接触，增强顾客对你的信赖感（见表 25-2）。

表 25-2　人体接触的区域划分

区域划分	具体部位
公共区域	手肘到指尖的部位
社交区域	手臂、肩部、背部，那些可以让家人及朋友轻触的部分
亲密区域	即隐私区域，只能被最亲密的人接触

在售楼过程中，主要是通过公共区域与顾客发生肢体接触。最常见的接触方式是握手，也可以不经意地触碰顾客的手部或下臂，但要注意动作自然。

握手是非常重要的，但第一次与顾客见面时不要主动伸手要求握手，这样容易给顾客留下你喜欢侵犯别人的印象。一般情况下，开始与结束时会各握一次手，握手对传递信心及热情非常重要，如果一个售楼人员伸出去的手是懒洋洋的，那将无助于提振客户信心。大部人在一开始就会依据握手的态度衡量一个人的个性、诚意，以及人际关系，买楼者也不例外。因此，坚定、笑容满面、眼神专注的握手将会在顾客面前建立一个值得信任的形象。

受“男女授受不亲”传统观念的影响，许多职业女性都有这样一个观点，在社交场合，除非男士先伸出手，否则不需要主动握手。这是一个落伍的观念，在现代社会里，如果女性想做得更成功，就必须和男士一样，随时准备坚定地与人握手。此外，女性在与人握手时，应注意要坚定地去握手，而不是伸出兰花指，好像等待别人行吻手礼似的。用好握手的礼仪，将大幅提升你对购楼者的影响力。

售楼人员在售楼过程中还可以接触顾客的手部或下臂。在楼盘介绍或合同洽谈时，你可以用手指轻触客户的手肘来引导参观、介绍及解释相关条款，这时你会惊讶地发现，你已经被他视为一位亲切可信的人，购楼者会觉得和你相处非常舒服。当然，不一定非得伸出手去，或很不自然地去拍别人的手臂，所有的动作必须大方、自然。

还有一个与接触有关的物品，就是售楼人员的卡片及相关资料，如果你的卡片及相关资料质量太差，也会给顾客一个不可靠的印象。因此，你的卡片要有一定的厚度，建议与扑克牌厚度差不多。要派发的资料印制尽量精美，纸张质量不能太差，否则不如不做。

此外，需要特别注意的是，如果你是男士，不能触碰或与购楼者的妻子相距太近，否则他可能会吃醋，如果不小心触碰到他的妻子，他可能会认为你有所企图；如果你是女士，不能触碰或与购楼者的先生相距太近，她也可能会吃醋。顺便提一下，这与年龄无关。虽然现代社会已越来越开放，但会吃醋的妻子及先生并没有因此减少。这种情况下你一定要特别注意，否则，你会少卖好多套房子。

第26章 如何打开顾客心门，让其乐意跟你买楼

我看电视剧《长征》后突发奇想：今天，如果哪个售楼代表能有毛泽东的品格魅力，恐怕天下的楼都会被他卖光。一个人的品格魅力比其他任何外在东西更能增进一个人的可信赖感，前面讲到如何从仪容、仪表、仪态等方面提升专业形象，提升可信赖度，这些都非常重要，特别是在与顾客接触的初级阶段，但在售楼、维护顾客关系以及顾客转介绍的过程中，品格最为重要。耍小聪明或许可以让你成功一时，但要做到真正的成功则要靠人格。我们经常从德才两方面衡量一个人，市场上的“千里马”必然是有德有才，“德”就是我这里讲的品格。

在售楼工作中如何给人信赖感，“智慧”与“品格”到底哪一个更重要呢？有智慧总是令人崇拜，但品格高尚更能赢得人们的尊重。我们周围才华横溢的人并不罕见，但他们就一定值得信赖吗？我想，只有品格高尚的人才值得信赖，才更能取信于人。

品格魅力不一定只有伟人有，只要一个人真诚、公正、正直、忠厚，品格魅力同样会散发出来。一个售楼代表除了通过专业形象获得顾客的信赖外，还必须通过自己的品格魅力获得顾客的永久信赖。

一、 言行一致

绝大多数人记不住你曾经为他做过什么事，做过多少事，但你没有为他做到什么事却记得清清楚楚，哪怕是一件微不足道的事，这就是人性。

因此，要维持长久的信赖绝对不能对购楼者乱承诺，也不能掩盖事实。乱承诺的结果会让你失去很多卖楼的机会，当你发现有些事情你不能承诺，或者不太肯定时，就不要轻易去说。否则，结果会是“偷鸡不成，反蚀把米”。

有一次，一位新员工以比较优惠的价格轻松地卖出一套三房单位，购楼者看完楼后，对房子及价格都非常满意，但对于这么高性价比的房子产生疑问，看完房产证复印件后就问：“这套房子会不会是风水不好，或者曾经有人在这里去世?”这位新员工因急于想成交，在没有咨询过业主的情况下就满口否认，于是购楼者爽快下定，过定金工作也顺利进行。后来，购房者去房子附近观察大环境时，无意中得知，该业主的妻子两个月前在家自杀。这对于非常忌讳这类事情的购楼者来说，无疑是晴天霹雳，立即要求退定，可定金又过给了业主，于是，一场退定风波周旋了一个多月，这位新员工不但失去了一位准买家，还因为此事，一个月都没办法工作，业绩挂零。

不管你承诺什么，顾客都会记住，要建立长久的信赖感，就必须言行一致，说到做到，做不到或者有可能做不到，就不要承诺。可以换一些说法，向顾客解释清楚其中的难度，表达你会尽力去做的决心。

二、 真心关爱他人

不少人会有这样的经验，去吃饭时，服务员一个劲地给你推荐非常贵的菜，可你就想随便吃一顿饭。这种急功近利的方法往往无法取信于顾客，反而会失去顾客。搞推销、卖楼都是与人打交道的事情，在你提供服务的时候，必须从顾客的实际需要出发，真心关注他的需求，提供可行的解决方案。只有这样，你的业务才会蒸蒸日上，任何急功近利的做法，只会让你江河日下。

在我的房地产销售工作中，发现经常一些售楼人员对顾客的实际需要并不完全掌握，急于带客看楼，然后就利用闪电策略逼顾客下定，顾客下定后往往后悔，于是，就利用定金原则让顾客就范。我认为这种方法非常不可取，根据乔·吉拉德的250定律你可能赢得了一宗生意，但失去了250位潜在买家。售楼冠军们都是在充分掌握购楼者的实际需求后，提出可行的解决方案，推荐符合购楼者需求，又满足其支付能力的房子。

在你的售楼工作中，得到过你帮助的人，必会对你心怀感激，之后的口口相传，以及转介绍会像潮水般涌向你。

三、 原则第一

一个售楼代表难免受到各种诱惑，特别是二手房经纪人。对于诱惑，专业的售楼人员必须坦然对待，坚守自己的品格，以公平的原则处理发生的一切。

周恩来总理在勉励年轻人时说过这样一句话："人生要有所为。"在今天这个时代，我觉得应该加上"也要有所不为"。对于违反原则，违反道德标准的事，我们要"有所不为"，只有这样，你的品格才会健全，才会赢得顾客的永久信赖。

需求篇

第27章

独步全球的售楼语法

互联网的发展，使人与人之间的距离越来越近，不少购楼者会在网上交流买楼心得，讨论某个楼盘怎么样，或者某某发展商怎么样，更有甚者干脆扯起一杆大旗，号召买楼者集资建房。一切迹象表明，购楼者已越来越“专业”了，他们购楼的行为也越来越理性。于是，我发现不少售楼人员开始抱怨，说现在的购楼者实在太挑剔，看起楼来总是挑三拣四，总之，房子是越来越难卖！

果真如此吗？人们买楼的决策真的是理性的吗？打篮球的人都会有这样一种经验：教练在教我们投篮的过程中，当我们身处某个位置时，他们总是说，在这个位置要以什么角度、什么力度、什么样的姿势投篮才是正确的。可真正到了比赛场上，当你把球运到该位置时，你是否会想：在这个位置，我得以什么角度、什么力度、什么姿势来投篮呢？实际情况是，在赛场上，如果等我们把这些问题都想清楚，并把姿势、力度及角度都调整好，球可能早已经不在手上了。你的做法一定是在惯性思维的支配下，做出习惯动作，立即把球投出。专业选手尚且如此，更何况一个业余选手呢？顾客在买楼时，其决策过程跟打篮球没有什么区别。

人们在做购买决策时，通常是感性的，即感性购买，这是卖楼最重要的一个法则。人们总是先感性购买，然后再用理性去解释自己当时为什么会购买，特别是当一个人买错东西时，他从来不会说自己买错了，而只是找一些理性的借口（通常是看起来合理，实际上不是真的）来掩盖自己的错误决策。因此，虽然人们在买楼的经验上越来越丰富，对楼盘的质量要求越来越高，对环境的要求也越来越多，呈现购楼专业水平越来越高的局面，但在“买”与“不买”的决策关键时刻却往往是感性的。感性购买在购买行为中占绝大多数。

有一次，一位做生意的朋友看上小区内的一套首层二手房，要我帮他去谈价格，还没等我开口，他就问产权等一系列情况，显出一副十分想要的架势，这就让卖方有机可乘，虽然价格略微偏高，但他还是买了。后来，我问他为什么高一点的价格也考虑时，他强调因为是一楼，可以一边住、一边当仓库用，可事实是，他租给了别人。

很多时候都是这样，人们感性买楼，却往往要寻找一个理性购买的借口。很多不道德的售楼代表往往利用人们“感性购买”这个特点欺骗顾客，致使不少购楼者一下完定金或购买后就后悔。一个专业的售楼代表当然要利用好“感性购买”，但必须善意引导顾客购买，通常要在以下三个方面做足功课：

一、掌握顾客真实需求

购楼者对自己需求的了解分三种：一是不知道自己的需求；二是知道自己的需求，但不能确定，需要专业意见；三是非常清楚自己的需求。即使知道自己的需求，购楼者有时在表达上也会出现误差，或不想过早表达真实需求。因此，有效探寻出顾客的真实需求是非常重要的。在新的房地产销售模式中，有效探寻出顾客的购楼需求所用时间可占到30%，这也说明探寻需求是一件非常艰难的工作。

不少售楼代表只是简单询问“想买几房”“预算多少”等问题，就急于介绍或推荐房屋，这是一种不可取的行为。有效地探寻出顾客的购楼需求，首先必须了解顾客的背景，例如，原住址、原住房面积、对原住房满意的地方和不满意的地方、家里常住人口、有无老人和小孩及小孩上学和家人工作地点、交通工具等状况；其实，可直接咨询购楼者对置业的要求、目的，以及理想支付范围等；最后，要总结购楼者的需求。当然，有时并不是一见面就可以了解这么多，在介绍或看楼过程中，必须以恰当的语句不停地提出相关的问题，直到真正掌握其需求。

在我们的内训课程中，通常会拿出30个必须问的问题，再根据各楼盘的特点设计出针对不同人群的选择性问题。在你的售楼工作中，也必须根据上述几个方面的内容确定自己要问的问题，并加以背诵，熟练运用。

二、卖给顾客他们想要的楼盘，而不是你想要的楼盘

很多售楼人员在介绍楼盘时，总是从自己想要的楼盘出发来，一味强调自己认为非常重要的卖点。其实，很多时候这个卖点根本就不是购楼者关注的。如果一个售楼代表一味强调自己关注的卖点，结果可能会失去许多准买家。

据深圳一个高尔夫别墅盘的统计，三分之一的买家根本就不会打高尔夫球，三分之一的买家也不经常打高尔夫球，只有三分之一的买家经常打高尔夫球，三分之一经常打高尔夫球的买家中，有三分之二的人也不经常在该球场打球。如果售楼代表理所当然地认为居住在该别墅打高尔夫非常方便是最大卖点的话，可以想象会失去多少买家。

因此，在楼盘的介绍过程中，你必须根据顾客的实际需求，有选择的重点介绍，对顾客需求点进行强调！反复强调！对于那些顾客根本不关心的卖点，则可以一语带过。当然，这些顾客不关心的卖点也不能不介绍，在你没有掌握顾客的真实需求之前，这些卖点也可能会让顾客眼前一亮。当顾客表现出兴趣，并对此提出问题时，你一定得重新探寻顾客的真实需求，并加以强调。

三、激发顾客购买情绪

激发顾客购买情绪就是找准顾客买楼的最主要动机，通过描绘一些画面（也可以是实物）让顾客参与进去，让他置身于购买后的美好感觉中，并迅速做决策。当然这必须是顾客真实想要的，不能误导顾客。

第28章 深度挖掘金矿客户的三大原则

有个做销售的朋友给我讲过这样一个故事：有一次他去百货大楼买皮带，销售人员热情地给他介绍。他选中其中一条价格较贵的皮带，在掏钱包准备购买时，不小心将钱包掉地上了，销售员赶紧拾起钱包递给了他，他的钱包很破烂了，但销售员却没有建议他换一个。这件事情说明，不少销售人员不会处处留心顾客的需求，不懂得时时推销。

其实，这种缺乏推销意识的行为在售楼代表中也广泛存在，买楼者随处都是，关键是你如何把他们找出来。你可以开发的购楼新顾客可能就是你周边的亲朋好友、同学或同事，也可以是过去因某种原因没有向你买楼的顾客，或者是已买过楼的顾客，包括他向你介绍的新买家等。在日常生活中，如何从周边人群、社交圈中找出购楼者？一些差劲的售楼代表通常会犯这样的错误：一是没有识别出适当的购楼者；二是不知道如何去识别购楼者；三是懒得去寻找。

一个专业的售楼人员是如何开发身边的资源的呢？首先，要打电话告诉所有的亲朋好友、同学、同事，或者其他一些有联系的人，告诉他们自己现在在做什么，这很关键。如果你的亲戚朋友不知道你在做什么，又怎么可能找到你买楼呢？其次，要定期用电话、短信或微信，甚至寄一些贺卡的方式向这些亲戚朋友们问好，重复地告诉他们你在做什么，让这些人不要忘记你，创造为这些人服务的机会。此外，凡是你接待过的顾客，不管有没有向你买楼，都要利用电话或手机短信保持定期联系，特别是向你购过楼的顾客，更要表现出关心。同时，要向这些顾客们介绍自己现在在做什么，卖什么楼，争取这些顾客们的二次置业或转介绍新的购楼者。如果得知谁要结婚，就要主动寻找推销房屋的机会；如果有人离婚，就要在恰当的时候、恰当的场合征询有关房屋处理的情况，争取更多的房源。总之，不但要与周边人群、社交圈保持良好关系，还要通过细心的观察发现需求，并促成交易。

所有的售楼人员都喜欢为熟人推荐或销售房屋，当然也希望能与新顾客打成一片，由生人变成熟人，由熟人变成关系，由关系变成买卖。一个专业售楼人员如何去挖掘这些购买潜力，如何去推进这种熟人式的房屋买卖呢？通常需要遵循以下三个原则：

一、 建立良好的关系

无论是熟人圈，还是全新顾客，建立起良好的关系是成功售楼的第一步，在全新的房地产销售模式中，这一步要占据40%的时间。如果急于求成，往往适得其反。投入一定的时间及精力与顾客进行情感维护，房屋售出就会变得水到渠成。在建立与维护顾客关系时，一定要记录顾客的个人情况及相关需求状况，包括每次电话跟进或看楼时的一些相关情况及顾客的反映。很多售楼代表说自己的记性好，不用记录也可以记得顾客的相关情况，这种观念非常不可取。毕竟，“好记性不如烂笔头”。你能记住10个人，但你很难记住100个人；你能记住一个星期、一个月，但你记不住半年、一年。因此，在建立与维护顾客关系时，顾客跟进记录是十分有必要的。

被誉为“世界第一人际关系大师”的麦凯信封公司董事长哈维·麦凯（Harvey Mackay）在跟进顾客时，通过66个问题为顾客建立档案，并被世界500强企业直接或稍加改良后广泛采用（这66个问题见本章节附件）。作为一个专业的售楼代表，必须建立起自己的顾客档案。由于取得资讯的途径有限，你的顾客档案不一定非要有66个问题，但最起码需要包含以下方面的内容：

（1）个人资料（姓名、电话、地址等，越详细越好）；

(2) 家庭情况（家庭人口、婚姻状况、家庭收入、是否有小孩及老人、小孩是否在读书等）；

(3) 工作情况（行业、单位、地点、职位、收入等）；

(4) 居住情况（现居住地、居住面积及户型、居所取得形式、对现居所满意的地方和不满的地方等）；

(5) 购房需求（包括购房动机、具体需求、购买时间等）；

(6) 购买决策情况（购房资金来源及构成情况、关键决策人等）；

(7) 对市场的了解情况（看过哪些楼，感觉如何）等；

(8) 其他情况（个人爱好、社交圈等；在与顾客沟通时，可随时增加顾客感兴趣的话题）。

二、 把握时间

绝大多数人的决策都是在一瞬间做出的，一个专业的售楼人员必须把握住这个瞬间。探寻出顾客的真实需求后，一般不能给顾客太多的思考时间，否则他们考虑后的回答可能就不是我们想要的答案了。因此，为了有效把握顾客决策的关键时刻，专业的售楼代表一般都会做一些准备，针对顾客可能产生的反应和态度，设计出一套话术，并模拟现场不断地思考及演练。这样，在遇到顾客类似的反应或态度时，就可以轻松自如地应对了。

三、 替顾客做个决定

售楼时不妨借鉴一下医生看病的经验。医生一般是从问问题开始，之后用相应的医疗手段检查，再进行分析及推断，然后判断病人生了什么病，接着对症下药。在这个过程中，医生给病人做了“用什么药或什么医疗手段治疗”的决定，病人从来不会说“不”。

专业售楼也应该如此。你可以通过问问题了解顾客的各项情况及需求，并通过一些假设问句来确认顾客的需求，然后给顾客做个“买什么样的楼”的决定。在这个过程中要显现出你的专业，并说明你这个决定的理由，让顾客信服。

附：麦凯信封公司客户档案

麦凯信封公司客户档案

日期__________

最新修订时间__________

填表人__________

顾客

1. 姓名__________昵称（小名）__________
2. 职务__________
3. 公司名称__________公司地址__________
4. 电话（公）__________（宅）__________
5. 出生年月日__________出生地________籍贯__________
6. 身高__________体重__________
   身体特征________（如秃头、关节炎、严重背部问题等）

教育背景

7. 高中名称__________就读时间__________
   大学名称________毕业日期________学位__________
8. 大学时代得奖纪录__________研究所__________
9. 大学时所属兄弟会或姐妹会__________擅长运动__________
10. 课外活动、社团__________
11. 如果顾客未上过大学，是否在意学位__________
    其他教育背景__________
12. 兵役军种__________退役时军阶__________
    对兵役的态度__________

家庭

13. 婚姻状况__________配偶姓名__________
14. 配偶教育程度__________

15. 配偶兴趣/活动/社团____________
16. 结婚纪念日____________
17. 子女姓名____________子女年龄____________
是否有抚养权____________
18. 子女教育情况____________
19. 子女喜好____________

业务背景资料

20. 顾客的前一个工作____________
公司名称____________
公司地址____________
受雇时间____________受雇职衔____________
21. 在目前公司的前一个职衔____________
现职衔____________日期____________
22. 在办公室有何“地位”象征____________
23. 职业及所属贸易团体____________所任职位____________
24. 是否聘顾问____________
25. 本顾客与本公司其他人员有何业务关系____________
26. 关系是否良好____________原因____________
27. 本公司其他人员对本顾客的了解____________
28. 何种关系____________关系性质____________
29. 顾客对自己公司的态度____________
30. 顾客长期事业目标____________
31. 顾客短期事业目标____________
32. 顾客目前最关心的是公司前途还是个人前途____________
33. 顾客多思考现在还是将来____________原因____________

特殊兴趣

34. 顾客所属私人俱乐部____________
35. 参与政治活动________政党________对客户的重要性________

36. 是否热衷社区活动___________如何参与___________
37. 宗教信仰___________是否热衷___________
38. 顾客隐私（离婚等）___________
39. 顾客对什么主题特别有意见（除生意之外）___________

生活方式

40. 病历（目前健康状况）___________
41. 饮酒习惯___________所嗜酒类与分量___________
42. 如果不嗜酒，是否反对别人喝酒___________
43. 是否吸烟___________若否，是否反对别人吸烟___________
44. 偏好的午餐地点___________晚餐地点___________
45. 偏好的菜式___________
46. 是否反对别人请客___________
47. 嗜好与娱乐___________喜欢读什么书___________
48. 喜欢的度假方式___________
49. 喜欢观赏的运动___________
50. 车子品牌___________
51. 喜欢的话题___________
52. 喜欢引起什么人注意___________
53. 喜欢以怎样的方式被重视___________
54. 你会用什么来形容本顾客___________
55. 顾客自认最得意的成就___________
56. 你认为顾客长期个人目标为何___________
57. 你认为顾客短期个人目标为何___________

客户和你

58. 与顾客做生意时，你最担心的道德与伦理问题___________
59. 顾客是否觉得对你、你的公司或你的竞争负有责任________
    如果有的话，是什么___________

60. 顾客是否需改变自己的习惯，采取不利于自己的行动才能配合你的推销与建议

61. 顾客是否特别在意别人的意见__________

62. 顾客是否非常以自我为中心__________是否道德感很强__________

63. 在顾客眼中最关键的问题__________

64. 顾客的管理阶层以何为重__________顾客与他的主管是否有冲突__________

65. 你能否协助化解顾客与主管的问题__________如何化解__________

66. 你的竞争者对以上问题有没有比你更好的答案__________

其他注意事项__________

注：本附件摘自《攻心为上》，仅供参考。

第29章 为什么说"世界上没有卖不出去的房子"

一场暴风骤雨过后，一个小男孩在海边的一个水洼旁奋力地捞起一条条小鱼，然后将它们放回大海，他在拯救这些小鱼的生命。旁边的一个老人忍不住走过去对他说："孩子，这水洼里有几千条小鱼，你救不过来的！"

"我知道。"小男孩头也不抬地回答。

"哦！那你为什么还要继续呢？谁会在乎这些呢？"老人问。

"这条小鱼在乎啊！"小男孩一边捞一边说："这条在乎，这条也在乎，还有这一条、这一条……"

很多售楼人员在推销楼盘时都有故事中那位老人的思想误区，就是在对待顾客的需求时，过分强调策划中比较宏观的市场细分思维。

"萝卜青菜，各有所爱"，个人的口味、喜好不同，往往导致众口难调，运用市场细分的规则可以找出一些规律。就全国的饮食习惯来看，有"南米北面"之分，口味上也有"南甜、北咸、东酸、西辣"之别，因此，在不同的地方需要推出不同的产品，这在市场营销上是可行及有效的。房地产策划也一样，要根据调查的情况开发出相应的产品，并通过有针对性的宣传吸引目标客户来到楼盘现场。剩下的则是销售工作，也就是要说服目标顾客购买。

策划中的顾客是通过市场细分以"群"来划分的，销售则要在这个

"群"中一个一个地分别对待，那就要找到每一个人对"萝卜"或"青菜"的偏爱。要想获得销售成功，就必须用"一把钥匙开一把锁"的思路耐心地挖掘每一位顾客的需求，切不可按某一类目标顾客的通性判断其实际需求。不要像故事中的老人那样，习惯性地认为某一类顾客只能购买某种类型的房屋，就放弃手中这一类型的顾客。其实，人们购买房屋的需求受很多因素影响，同一类型的顾客需求往往也因收入、家庭、观念、偏好、个人情况等的差异而千差万别，销售工作首先就是要找出每一个人的不同需求。

有一次，我们代理了一套一楼的小单元，40平方米，还隔成了两房一厅，业主放盘时，特意留下了钥匙，说方便我们看楼。房屋价格不高，总价才9.5万元。有个物业顾问拿到钥匙就兴致勃勃地去看房屋，但回来之后，好像换了个人似的。原来，该房子旁边20米远左右有一排垃圾桶，是专门收集垃圾用的，不但散发出一阵阵浓浓的臭味，而且有苍蝇飞来飞去。"太恐怖了！"回来的那位物业顾问形容。于是，大家原以为收到一个"笋盘"的喜悦心情一下子烟消云散，都断定这套房子肯定没有人要了，都懒得去推这套房子。

过了半个多月，分行文员在更换玻璃门上的盘源纸时，不清楚该盘源情况，不小心把该盘源贴上去了。没过几天，有一位男士就来问该房子的情况，销售人员把情况如实地跟他讲了一遍，本想打消他看这套房子的念头，没想到他却很有兴致地要求去看一下，该物业顾问很不情愿地带他去看房子。更没想到的事情发生了，这位男士竟然下了3000元"临定"，第二天就顺利签订了《房地产买卖合同》。原来，这位男士是一位清洁工人，在广州做了五六年，非常渴望有个自己的家，而那套房子周围的环境，他早已习惯。一套本以为没有人买的房子就这样成交了。

因此，在卖楼过程中，要区别对待每一位顾客的需求，绝对不能以"群"来理所当然地认为这"群"人的需求都是一样的。在遵循总体原则的前提下，为顾客提供个性化的销售服务将有效提高你的销售业绩。

第30章 你也是这样三步强效鉴定顾客购楼需求吗

你拒绝过多少个推销人员向你推销产品呢？这些被你拒绝的销售人员有什么共同特点呢？

你去买衣服，当你试穿第一件时，销售员可能会对你说：“穿上去很合身”，你可能会认为这件衣服不错，但当你试穿第二件、第三件时，这个销售员还是这样说，你很快就会发现他只是在附和你，根本就不了解你的需要是什么，这只不过是他太在乎向你推销他的产品而已，你也会因此迅速离开他。在销售工作中，我经常听到售楼代表们这样的声音：“我知道你想买什么楼”“这就是你刚才说要买的房子啊”“你应该买这个单元，我们的房子是最好的”“我们公司规定的条款就是这样的啊”“我们公司的报价从来没折扣的”等，你是否说过或者听到过类似声音呢？

不少售楼代表都习惯于这种推销方式，我称这种方式为“硬销”。在买方市场，一切销售工作必须以“顾客”为中心，“硬销”的方式已经越来越难以取得有效的结果。顾客在众多选择机会面前，总是愿意与那些了解他们真实需求的售楼代表打交道，而那种总是试图操纵他们，以强势的语气强迫他们购买的售楼代表，只能令他们敬而远之。

在现在，乃至以后数十年的房地产销售工作中，了解顾客的真实需求是一个十分重要的环节，也是最为困难的一个环节。在向顾客推销房屋之前，必须清楚顾客想要什么样的房子，我把这个认清顾客需求的过程称之为“购楼需求鉴定”，通过这个购楼需求鉴定，我们必须达成如下目标：

◇ 辨别顾客已经意识到的购房需求；

◇ 找出顾客可能还没意识到的购房需求；

◇ 适当制造紧迫感。

专业的售楼人员如何去达成这三个购楼需求鉴定目标呢？在与顾客接触时到底应该多谈产品还是顾客自身呢？

许多售楼人员与顾客一接触就开始战战兢兢地介绍楼盘，开门见山谈论自己所卖的楼盘，因为他们熟悉，这样谈会保险一些；如果直接谈论顾客，由于对顾客不了解，或者说对顾客知之甚少，他们不知如何谈起。其实，这是一种错误的选择。在你不了解顾客需求的前提下，直接谈论房屋，很容易不着边际，甚至对牛弹琴。售楼精英虽然也十分熟悉自己所卖的房屋，但他们却更愿意多花一点时间在客户身上。当然，最后他们还是要谈论他们所卖的房屋，但是在充分了解顾客的需求（想买什么样的楼，为什么要买）之后。在介绍楼盘时，他们总是充满激情地告诉顾客，他所卖的房屋如何，为什么可以满足顾客的需要。

如何鉴定顾客的购楼需求呢？售楼精英介绍的不是自己认为感兴趣的房屋，而是专注顾客感兴趣的房屋。他们通常会设计一系列非常棒的问题，通过这些问题了解顾客需要什么样的房屋。这样，他们在与顾客沟通时就不至于忽视顾客的感受而一味吹嘘自己所卖的房屋，从而导致顾客对所谈论的楼盘毫无兴趣。这些方法在医生、律师、教授等许多职业里面被广泛运用。一个专业的售楼代表要了解顾客的需求就必须从问问题开始。问问题一定要有逻辑地连续思考，例如，顾客主动上门或打电话来，你就可以问他："是通过什么途径了解到我们的楼盘？"如果顾客说："是别人介绍"，你可以接着说："是的，这一段时间，的确有很多老顾客介绍客人来买楼，能不能告诉我是谁给你介绍的呢？"接着客人会说出是谁介绍给他的，如果这位介绍人在你公司买过楼，他也一定会说明。因此，你可以继续跟他说："真是非常感谢他，不知当时他是如何给你介绍我们楼盘的呢？"顾客接着会说出当时介绍人介绍的情况，或许这就是他这次来的目的。所以，通过这样的连续提问，不但可以了解顾客的兴趣点在哪里，还能树立起顶级公司形象——因为问题中提及很多老顾客，这说明你的公司赢得了顾客们的认同，否则，怎么会有这么多老顾客介绍呢？

作为一个专业的售楼人员，你必须根据当地人们的习惯及你所卖楼盘的情况设计出一系列问题。作为售楼精英，通常会使用以下问题来了解顾客的购楼需求：

了解顾客现在的居住情况

◇ 如您现在住哪里？
◇ 您现在住的房子是自己买的，还是租的呢？
◇ 您现在住的房子多大面积，是几房的？
◇ 您觉得现在住的房子面积够用吗？还需要多少面积才能满足您的需要呢？
◇ 您家里一共有几个人？
◇ 您家里有老人吗？
◇ 您家里有小孩吗？
◇ 您最喜欢现在房子的哪些地方呢？
◇ 您现在住房的周边环境对老人来说哪些地方是便利的呢？
◇ 您现在住的地方方便小孩上学吗？
◇ 您对现在住的房子最不满意的地方是哪里？
◇ 您是怎样考虑换房这件事的呢？
◇ 您希望新买的房子与现在住的地方相比，哪些地方需要提升呢？
◇ 您现在住的地方是小区还是街道呢？
◇ 您对小区（或街道）生活什么地方感到满意呢？
◇ 您对小区（或街道）生活什么地方感到不满意呢？为什么？
◇ 您在看我们楼盘之前，看过哪些楼盘呢？
◇ 您对在这之前看过的楼盘是怎样评价的呢？您感觉怎样呢？
◇ 您这次买楼认为什么是最重要的呢？
◇ 您本次购房的预算是多少呢？
◇ 您希望每月用多少钱来投资这次将您拥有的房屋呢？

顾客对公司或楼盘的了解

◇ 您是通过什么途径知道我们楼盘（或公司）的呢？

◇ 您以前听说过我们这个楼盘（或公司）吗？
◇ 您以前对我们楼盘有过了解吗？
◇ 您对我们楼盘的管理公司有过了解吗？
◇ 您是否有亲朋好友买过我们的房子呢？
◇ 您了解我们公司的实力吗？

专业人士

◇ 专家推荐对您购买房屋重要吗？
◇ 您是否有朋友也在做房地产？
◇ 您了解过专家对我们楼盘的评价吗？

制造紧迫感

◇ 您考虑买（换）房子多久了？
◇ 是什么让您决定来看我们这个楼盘的呢？
◇ 您对现在房地产形势是怎么看的呢？
◇ 您对我们楼盘的销售速度了解吗？

价格

◇ 您会仅仅根据价格来决定本次房屋的购买吗？
◇ 当您决定购买时，什么因素最重要呢？价格？质量？还是发展商实力？
◇ 您对今后房地产的价格走势是怎样看的呢？

在实际工作中，你不必一字一句照搬上述问题，关键要在与顾客的沟通过程中，根据谈话的场合及气氛灵活提出各类问题，了解顾客的真实需求。

第31章 三种典型的热情过度伤害顾客

有一次，我去逛商场，来到一家服装品牌店，销售员非常热情地出来打招呼：“先生！有什么可以帮到您？”我连忙说：“随便看看。”于是这位销售员紧跟在我身后，当我的目光停留在一件深蓝色西服上时，她赶忙说：“这是今年最流行的颜色”；当我的目光转向另外一套西服时，她又赶忙说：“这个款式这个月搞促销，可以打七折”；当我仔细观察一条男士围巾时，她又迫不及待地说：“今年这种围巾很畅销。”于是，我只好加快脚步，逃出这家店。

你是否也遇到过类似情景呢？销售人员在销售产品时，热情固然需要，但热情过度，有时也会让顾客逃之夭夭。其实，不光是服装、百货类销售存在这种情况，在房地产销售领域同样存在类似的情况。不少售楼代表因为迫切想了解顾客的需求，一见面就热情过度，导致顾客心有去意，哪还有心思听他介绍呢？

这种情况在一二手楼销售中都存在。在一手楼销售中，很多销售代表会一开始就询问顾客有什么可以帮忙，不少顾客会说“随便看看”，此时如果售楼代表还一个劲地向他介绍楼盘，其结果可想而知；二手楼销售时，也有不少顾客在盘源架前东张西望，物业顾问走出门询问顾客有什么可以帮忙，有些顾客会说：“随便看看。”此时，如果物业顾问还站在那里等他的话，这种顾客大多会匆匆离去。

如何处理好这些场景呢？如何有效主导初次接触后的沟通呢？其实，在语言上有很大空间回旋。如果是购买一手楼的顾客说随便看看，你可以把近期的最优惠措施抛出来吸引他，比如近期推出一两套特惠单位，你就可以说："我们楼盘这个星期推出一些特惠单位，每套房子可以省 5 万元，不知您有没有兴趣了解一下？"通常情况下，顾客们对可以让自己获得实惠的东西是有兴趣的，可能这几套特价单位未必是他想要的，但你的话语已经吸引了他，接下来，你就可以顺利地主导这次沟通了。如果是二手楼销售，物业顾问手上必须要有一两套较"笋"的房子，当你听到顾客说随便看看时，你可以对他说："昨天有一位业主因出国急着卖房子，价格特别优惠，不知您是否有兴趣了解一下？"通常情况下，这类原因最能吸引二手买家的注意，一旦他有兴趣，你可以引领他进入店内详谈，从而开始你的需求鉴定工作。

从上面的例子可以看到，有时可以用话术来解决推销中的热情过度问题，专业的售楼代表必须善于思考，思考各种情况下的话术运用。话术只能解决表面问题，一个真正专业的售楼代表，要做好事前控制，在销售房子的过程中，既要让顾客感觉到热情，又要防止热情过度。

许多售楼代表在销售房屋的过程中对热情存在误解，下面是三种比较典型的误解：

（1）热情就是大声。许多售楼代表声音洪亮，往往令顾客的耳膜振动幅度过大，产生焦虑。与顾客交谈时，保持适当的音量即可。有一种情况例外，当你的顾客是位听力不好的老人时，要适当提高音量。吐字清晰才是交谈的关键。

（2）热情就是形影不离。很多售楼代表在介绍楼盘或带看楼时，总是紧贴客户前后左右。这种形影不离的做法在足球赛中可能会非常奏效，但在售楼过程中却会让顾客感到不安，有种被人控制的感觉。你必须与顾客保持一定的距离，留心观察顾客的行为，在他有需要时，立即出现在他的面前。特别值得一提的是，千万不要站在顾客身后，会令人产生不安。如果你总是在顾客身后，那推销的结果将不言而喻。

（3）热情就是给对方压力感。不少售楼代表总是很强势，一副盛气凌人的样子，即使表现得非常专业，顾客还是会有一种被人驾驭或被强迫推销的感觉。因此，他将表现出对你的反抗、拒绝。

一个专业的售楼代表在推销中要做到热情有度，除了避免上述三种动作外，还要怎么做呢？下面四点将会有效提升你的售楼热情：

（1）让热情从你的内心流露出来。热情不是某一两个动作，它是你的整体表现，从眼神到微笑，从言语到肢体动作，从外表到内心。在你接触顾客时，必须充满热情；当你全身充满热情时，你就会有种充满电的感觉，非常渴望为顾客介绍楼盘。

（2）热情需要智慧，更要随机应变。你要不断完善自己的话术，让自己的热情可以应用于无形。

（3）热情就是要多给顾客肯定。要多与顾客交流获得他肯定的话题，这样最容易让顾客接受你及你的推荐。如果顾客说“不”，则对销售不利，你必须事先准备一些让顾客说“是”的话题。

（4）在售楼过程中，如果你担心会因过度热情而失去顾客，因而对顾客不热情的话就大错特错了，因为热情失去总比不热情失去来得好。

第32章 如何精准无误地点中顾客需求“死穴”

曾经有一位售楼代表，带一对夫妻去看一幢老房子。当这对夫妻进入院子时，细心的售楼代表注意到这位太太很兴奋地告诉她的丈夫：“你看，院里的这棵樱桃树真漂亮。”而她的先生则示意她不要吭声。

当这对夫妻进入客厅时，他们显然对这间客厅陈旧的地板不太满意，这时，业务员就对他们说：“是啊，这间客厅的地板是有些陈旧，但这幢房子最大的优点就是当您从这间客厅向窗外望去，可以看到那棵非常漂亮的樱桃树。”当这对夫妻来到厨房时，太太抱怨这间厨房的设备陈旧，这个业务员接着又说，“是啊，但是当您在做晚餐的时候，从厨房向窗外望去，可以看到那棵美丽的樱桃树。”当这对夫妻到其他房间时，不论他们如何指出这房子的缺点，这个业务员都一直重复地说：“是啊，这幢房子是有许多缺点，但你们知道吗？这房子有一个优点是其他房子没有的，那就是您从任何一个房间的窗户向外望去，都可以看到那棵非常漂亮的樱桃树。”

在售楼代表不断地对这棵樱桃树的强调下，这对夫妻所有的注意力都集中在那棵樱桃树上，最后，这对夫妻花了50万元买了那棵“樱桃树”。

这是我在一次房地产销售培训中收获的案例，我把它运用到日后的房地产销售工作中，很快发现这是一个非常棒的方法，帮我取得了很多销售的成功。一套房子会在不同方面满足顾客的需求，房子的质量、物业管理、价格往往只能满足顾客的初级需求，这种情况在二次以上置业时更为明显，真正影响顾客做出购买决定的，往往是某一两个能满足顾客特别需求的特点，就像上述案例中那棵美丽的樱桃树。要想成功地把房子推销给顾客，就必须找出顾客心中的那棵“樱桃树”，我称之为“按动顾客的需求热键”。

作为一个专业的售楼人员，如何寻找及按动顾客的需求热键呢？

从马斯洛的需求层次理论来看，人的需求是分层次的，处于不同阶层的人其主导需求是不一样的。例如，总价对一个工薪阶层的购房者来说，可能是非常关键的影响因素，但对一个中产阶级来说，其影响购买决策的程度则没有那么明显。人类的需求是多样的，但每个人对各种需求的渴望程度会有不同，否则，人人都想开豪车、住豪宅了。事实上，每个人都会根据自己的情况选择适合自己的东西，人们的决策是由其主导需求决定的，也就是他最关心的需求来决定的。一个乞丐的主导需求是解决温饱及生存问题，他绝对不会天天想着开豪车、住豪宅。

因此，要按动顾客的购楼热键，首先要搞清楚顾客的主导需求。一个人的主导需求离不开他的社会阶层，顾客的主导需求应该是他有能力解决的，搞清楚主导需求，等于解决了顾客的身份问题。专业的售楼代表在认清顾客身份的同时，会留意顾客的每一个细微的动作和反应，观察他们最渴望得到的东西和亟待解决的问题，然后，不断强调它。

越秀区是广州市的教育强区，区内密布着众多知名小学，很多父母买越秀区的房子最直接的目的就是解决孩子的教育问题。古有孟母三迁，当今社会的“孟母”并不比古代少，为了孩子，做父母的大多舍得花血本。正因如此，越秀区的房子虽然比较破旧，价格却居高不下，并且供货量不多。

以前，我在做越秀区的二手楼时，总是会收集每年的高考状元名单，看看他（她）们的相关介绍，了解他（她）们以前在哪个小学读书，报纸上有刊登的，我都会收集起来，或者是上网查询收集。这样，通过一段时间的收集，我发现有些小学出了不少状元，于是我把这些资料汇总起来，并介绍给顾客。在之后的一段时间内，这个小学周边的房子推销起来十分容易。

由于越秀区的房子普遍比较旧，价格又高，销售时难免会被顾客指出不少缺点，产生很多抗拒，但我知道顾客心中的“樱桃树”是什么。于是，每当顾客说这套房子都二十年楼龄的时候，我就对顾客说：“是的，是有点旧，不过这套房子入读的××小学可是经常出‘状元’，××××年的‘状元’可是在这里读小学的啊！”每当顾客抱怨价格太高时，我也是对他说：“是啊，是高了一点，可这套房子入读的××小学可是经常出‘状元’，××××年的‘状元’可是在这里读小学的啊！”无论顾客提出什么反对意见，我总是用该套房子可入读的小学来避开话题。这样，不知不觉，顾客的注意力就转向了该小学，于是，他就可能开始询问该小学的情况，如何入学，要办理什么手续等。出现这种情况时，交易时机就已基本成熟，剩下的工作就是跟他签一份《认购承诺书》。

当顾客提出房子太旧时，很多不专业的售楼代表总是去解释为什么会这么旧；当顾客提出房价太高时，则用行情等一系列话题去解释，不但浪费大把时间，也不能有效地解除顾客的抗拒。

消除顾客抗拒的最有效方法就是，在需求鉴定阶段搞清楚顾客的购楼热键是什么，并不停地按动它，这样，你的售楼工作就会事半功倍。当然，你需要设计有效的问题，在与顾客沟通的过程中不停地提问。此外，要细心观察顾客的肢体语言，以及你提出各种问题时顾客的反应。

第33章 让顾客自己说出“我要买楼”的聆听艺术

我们知道上帝造出了亚当和夏娃，却不知道为什么上帝创造的人有两只耳朵、两只眼睛和一张嘴巴？

也许上帝要求人们多听、多看、少说话吧。从理论上来讲，做到这一点并不困难。但在现实生活及工作中，即使很多人做到了少说话，也是远远不够的，因为在别人讲话的同时，他们却在思考自己下面该说些什么。这比打断别人说话还糟糕，因为这样既没有表达出自己的观点，也没有听到别人的看法。学校里经常会开设一些教人如何讲话的课程，却没有教人如何“听”话的课程，因此，学习如何听懂别人的话是十分有必要的。

真正的聆听不是简单地听别人说话，而是聚精会神地听别人说话。不但要听懂别人话里的意思，还要听出隐含的意思或信息，并且对正确的观点要不停地表示赞同或肯定，表示对顾客的欣赏。

例如，当你听到顾客抱怨管理费太贵时，你可能得推荐一些管理费便宜的二手楼；当一位顾客说他的妻子是某某学校的教师时，离某某学校近的房子比较符合他的需求；当一位顾客总是抱怨股市低迷时，可能向他推荐投资性物业是个较好的时机；等等。在与顾客的交谈中，无论谈什么，你都要留心顾客在想什么，只有这样，你才能卖出楼盘。同时，你必须听懂顾客的需求，并向顾客表明你关心他们。

有一次，我的下属带一位近五十岁的阿姨去看一套小面积单元，看完后，就带阿姨到会客室洽谈。不谈倒好，一谈把这位阿姨的话匣子打开了，她完全不谈买楼的事，竟然谈起她的遭遇来。先是说自己开士多店维持生活怎样艰难；之后又谈到她的丈夫怎样好赌，怎样把家里的钱全赌光了；而后，又谈论因为没办法忍受丈夫的赌博而离婚，没想到丈夫为了赌钱把写有其一个人名字的房子偷偷卖了；再之后，谈到她的儿子吸毒，如何不孝，时不时来她经营的士多店偷钱和东西；最后又说到房租怎么贵，房东如何苛刻等。一谈就谈了近两个小时，在这两个小时里，一点也没说与买楼有关的事。最后，这位阿姨擦了擦湿润的眼睛问道："那套一房一厅多少钱?"那位物业顾问告诉她："14 万元。""这么贵。"她本能地回答。"没办法，现在楼价正在涨啊。"物业顾问回答。"好吧，那就 14 万元吧。"这位阿姨把她偷偷存起来的钱全部拿出来了。我想，要是这位物业顾问没有耐心听她说完，恐怕这单生意会落在其他哪位甘心做听众的售楼人员手中。

聆听就是这样，总会给你带来惊喜。聆听可以建立信任，有调查表明，没有一种比专心聆听别人说话获得信任更快的方式，顾客喜欢的售楼代表总是那些了解他们实际需求，能帮助他们以最具成本效益的方式购得房屋的"好听众"；聆听也可以消除购楼者的购买抗拒，你听客户说得越多，客户就会越舒适、放松，此外，聆听的反面就是"忽视"，如果你只注意听你认为有价值的事情，而忽视顾客认为有价值的事情，则会让顾客泄气、受伤害或觉得被轻视，那你就有可能错过一个良好的成交机会。

专业的售楼代表在售楼过程中应该如何有效地聆听顾客的声音呢?

（1）心无旁骛。身体稍微前倾，直接面对顾客，不要形成角度，目光集中在顾客的脸、嘴及眼睛上。

（2）停顿一下再回答。一般在顾客讲完后，等三至五秒再回答。

（3）有效澄清问题。当没有听明白或没有听清楚顾客说话时，可以用"您的意思是……"或"您刚才讲的是……"等话语来追问一下。

（4）重复顾客说的话。每听顾客讲完一件事，可以用"您的意思，您讲的是……"等话语来确认一下。这样做，一方面是确认你没有听错，另一方面显出你在认真听他讲话。

第34章

如何通过提问使自己的售楼业绩倍增

在谈生意时,东方人与西方人的程序是完全不一样的，西方人喜欢先签合同后干杯，东方人则大多是先喝酒，再签合同。相信大家对这种现象不难理解，也有所认识，但不少人却没有细致地观察和研究这里面的学问。其实，关键并不在于喝酒本身，而在于加强信赖感及问问题，通过问问题掌握对方的情况，从而做出有利于自己的决策。

有一次，一个在开发区负责招商的人跟我讲了这样一个案例。一个新加坡厂商派了三位代表来该开发区考察投资项目，这是第二次考察了，也是拍板的关键时刻。这位负责人热情地接待了他们，安排好酒店后，就开始了饭局。饭局上，这位负责人非常热情地问其中一位代表：“李先生，您可是个大忙人，新加坡那边一定有很多事要您拍板吧？不知道您准备停留几天，要不要我帮您订好回程机票?”这位代表看负责人这么热情，很高兴地对他说：“新加坡那边确实有很多事要我回去拍板，这里的事一办完我得立即回去，恐怕最多也不能超过五天。”一句简单的问话就获取了一个重要消息，既然时间对自己有利，这位负责人就接着问道：“来广州这么短的时间，有没有安排观光行程？要不要我们安排一下?”这位代表笑着不吭声。第二天，我的朋友就安排三位代表到处“观光”。临走前一天的下午，安排了一个象征性的考察活动，这宗招商生意也就顺利地签下来了。

你可能会疑惑，这些都是公司层面常用的手法，房地产销售工作是由售楼代表把房子直接销售给终端用户的，不需要酒肉先行，问话的作用是否还有这么大呢？还是否可以通过问问题来主导与购楼者的交谈呢？

其实，房地产销售也一样，了解顾客的相关情况和需求都需要通过适当的提问来实现。一个售楼代表业绩的好坏，与这个人提问的能力有密切关系。在第30章中，我们列出众多需要询问的问题，这些问题应该通过什么样的方式来提问呢？下面简单介绍一下主导与购楼者面谈的三种问句：

一、 开放式问句

这种问句的主要作用是探寻顾客的情况及心理，多会用到这些字眼："什么""哪里""何时""何地""怎样""是谁""为什么""多少"等。这些问句的答案通常不会是简单的"是"或"不是"，而是开放式的，让顾客自由发挥。由于答案是开放的，顾客需要较长的时间去回答，这一方面可以让你更好地聆听，有更多机会了解顾客情况，把握其需求；另一方面，也有利于售楼代表引导并控制整个对话。

例如，在售楼过程中你可能问顾客："您对目前住的地方哪一点最不满意？"顾客可能会说一些原因，你听完之后，可以问："为什么这样认为呢？"再让顾客表达他们对现状的不满，这种不满就是顾客的需求之一。又如，顾客可能会觉得楼价太贵了，你可以这样问顾客："您为什么会认为太贵了呢？"顾客也同样会解释相关原因，也可能会拿你推荐的楼盘与别的楼盘进行对比，如果是这样，你可以直接询问他看过参照楼盘没有，对那个参照楼盘有什么样的感觉？这样一来，你不但可以了解顾客为什么认为太贵，还可以了解他看过什么楼盘，以及这次交易的竞争对手的相关情况。

二、 封闭式问句

这种问句的作用主要是收缩谈话范围，逐渐把话题导入到单一的焦点或购买决策上来。它的答案通常是"是"或"不是""有"或"没有"。问句通常都是以"你是否""你过去""你曾经""你有没有"来开头，或用一些否定词“你不是”“你没有”“你不曾”“你不会”等。从这种封闭式问句中可以找出顾客的明确回答。例如，顾客在与你谈价时，对某套房子还价40万元，当低过底价或与底价非常接近时，你可以这样问：“40万元离业主的底价还是有一段距离，但我可以试试做业主的工作，碰碰运气吧，不过，您能不能先下一点诚意金呢?”以此来探测顾客的诚意。

封闭式的问题会强迫顾客表达自己的立场，因此，在使用过程中要尽量问一些顾客会回答“是”的问题，在问这类问题时，可以从一些简单的、容易决策的小问题开始，然后一个一个问下去，最后询问关键的决策性问题。

三、 否定回答的问句

这种问句是由前面两种问句结合而成的，是一种需要顾客“否定回答”的问句，顾客表示否定，则表示对你的楼盘的功能有需求。例如，你卖的是小区式楼盘，你问顾客：“您对目前的街道式住宅的安全问题感到满意吗?”如果顾客不满意，则表明顾客对小区式楼盘有需求；又如，你问顾客：“您的小孩入读我们楼盘配套的小学，您还担心教育问题吗?”如果顾客说不担心，那表明对你的楼盘有需求。

专业的售楼代表必须具备问问题的能力，在探寻需求、看楼的过程中多用开放式问句，在成交阶段多用封闭式问句来收敛。开放式问句中可多用“感觉”“认为”“依你之见”等有魅力的词语。

第 35 章
你是否注意到女性在买楼中的特殊需求

《木兰诗》讲的是巾帼英雄花木兰替父从军的故事，这个故事有力地说明中国女子自古以来就不让须眉，诗中“雄兔脚扑朔，雌兔眼迷离，双兔傍地走，安能辨我是雌雄”，更是有力地回击了“男女有别”的偏见。当今社会讲求男女平等，男女受教育的程度基本相同，男女的能力也不会有太大差别。在许多领域，女性更是表现出男性不具备的优势。

在现实生活中，由于身体特点以及社会角色等差异，男女在对事物的认知及对事物的反应上还是存在一定的差别的。例如，“一伙男人在狂呼，准是在看足球；一群女人擦眼泪，准是在看电视剧”，这种说法表明男女在喜好及感情宣泄方面存在很大的差异，女人普遍不爱足球，足球也不会让她们产生热情，而电视剧中的情节时常触动她们，甚至让她们为此流泪。正确认识这种“男女有别”，对于一个售楼代表探寻顾客购楼需求、看楼、谈价、成交以及售后服务等都有很大帮助。

表 35-1　男女对事物认识及反应上的差异

男	女
重视方位	重视色彩
注重结构	注重功能
喜欢结果	喜欢过程
重视逻辑	重视直觉

续表

男	女
喜欢直接表达	喜欢正话反说
喜欢谈论他的事业、地位	喜欢谈论她的先生、小孩
喜欢对他能力的肯定	喜欢对她外貌、衣着的赞美

注：表中所列差异指普遍存在的差异，一些特殊差异除外。

专业的售楼代表在与顾客沟通时一定要注意这种“男女有别”，例如，你是一位男士，千万不要赞美顾客的妻子漂亮，否则他会吃醋；相反，你是一位女士，你称赞顾客的先生非常能干，她会非常开心，因为她喜欢谈论自己的先生及小孩，这就是“男女有别”的地方。又如，你在介绍房屋朝向时，如果顾客是男的，你只需介绍朝向带来的结果就行，即有什么好处；相反，如果顾客是女的，你可以多用些形容词，多描述朝向带来的景观等，更容易打动顾客。

作为一位专业的售楼代表，无论是在探寻顾客的购楼需求，还是在楼盘推介，或是带看楼、谈价，乃至谈判、成交、售后服务等过程中，你都必须注意“男女有别”，充分运用这个原则，针对不同性别的顾客采取不同的策略，这会让你的售楼事业更上一层楼。就需求来讲，一般男性与女性的需求着重点也会有所不同。

男性的需求着重点

◇ 单价合理，总价能支付得起；

◇ 是否有装修，或装修标准，没装修则会考虑装修费用；

◇ 会关注相关费用，包括维修基金，物业管理费，水、电、煤气（北方还会考虑暖气）、电话、电视、网络等相关费用；

◇ 购房的相关费用（佣金、按揭、保险费、代办手续费以及相关税费等）；

◇ 每月供款是否过重等；

◇ 实用率高低、间隔是否实用等；

◇ 发展商实力，能否按时取得房产证等；

◇ 喜欢实地看楼；

◇ 关注朝向；

◇ 关注建筑质量；

◇ 喜欢气派，追求档次。

女性的需求着重点

◇ 关注小区环境；

◇ 重视房间功能，如厨房是否够大，卫生间通风情况，阳台是否方便晒衣服、被子，卧室是否够大等；

◇ 周边配套，有无医院、市场、学校等；

◇ 对景观的关注度超过男性；

◇ 房屋的外观及室内色彩；

◇ 随楼附送的物品；

◇ 售楼代表对房屋的描绘；

◇ 楼盘的管理及安全措施；

◇ 喜欢温馨的室内装修；

◇ 熟人对该楼盘的评价。

看楼篇

第36章 让风水先生帮你卖楼的热处理

售楼代表："宋先生，刚刚看的这套房子感觉怎样？"

顾客："还行吧，只是稍微贵了一点点，少一点点行不行？"

售楼代表："宋先生，这套房子真的很经济，我没有乱开价，这样吧，您看少多少合适，我和业主谈一下。"

顾客："少5000元行吗？"

售楼代表："我跟您说的41.5万元可是业主的底价啊，这样吧，我跟业主商量一下，看他能不能让步。不过，宋先生能否先下点诚意金？谈不到41万元，就全部退给您。"（业主底价其实是41万元，已到价，可成交）

顾客："诚意金倒是没问题，这样吧，我明天带个风水先生过来看一下，如果风水没问题，我立即下定。"

第二天。

顾客："李小姐，我给你介绍一下，这位就是我昨天跟你提起的大师江先生，我们一起上去再看看那套房子吧。"

售楼代表："江先生，您好！早听宋先生提起您的大名，久仰，久仰，这是我的名片，请多多指教。"

风水先生："哪里，哪里。"一脸高兴的样子。

于是，三人一起上了楼，来到宋先生想买的那套房子。风水大师江先生拿出包中的罗盘，开始东量量，西测测，这里比画一下，那里比画一下，摆出一副很神秘的样子。忽然，江先生的脸沉了下来，不吭声，拉着宋先生走到另外一边，低声不知说了些什么。待宋先生走过来时，脸上的高兴样没了，也沉了下来，不吭声，只见他的手按紧了装着 10000 元定金的口袋。看到这些，李小姐明白要发生什么了，于是，她的心也沉了下来，一宗十分有把握的房屋买卖就此不了了之。

你是否也遇到过这样的情况呢？上述案例中的李小姐到底有没有做错什么呢？

相信不少人都会遇到类似的情况，毕竟现实生活中还是有不少人关注自己住宅的“风水”。提及风水，可能有人会与“算命”及“相术”相提并论，视为迷信，其实，风水科学的一面已经逐渐得到人们的认可，2004 年 9 月 9 日在人民大会堂举办的“首届国际风水文化论坛”就充分说明了这一点。此外，2004 年 4 月国家住宅与居住环境工程中心发布了《2004 年健康住宅技术要点》，其中明确指出：“住宅风水作为一种文化遗产，对人们的意识和行为有深远的影响。它既含有科学的成分，又含有迷信的成分。用辩证的观点来看待风水理论，正确理解住宅风水与现代居住理念的一致与矛盾，有利于吸取其精华，摒弃其糟粕，强调人与自然的和谐统一，关注居住与自然及环境的整体关系，丰富健康住宅的生态、文化和心理内涵。”这是国家住宅与居住环境工程中心为风水定的性，也是官方首次明确风水有科学意义。

作为一个专业的售楼代表，在售楼过程中首先要认同顾客的风水观，同时要灵活处理因风水导致的顾客抗拒。从上面的例子来看，宋先生对房屋比较喜欢，价格也符合其心理价位，而且他肯带定金来，说明购买能力上也完全没有问题。既有需求，又有购买能力，为什么最后不买呢？恰恰是风水问题成了他购买的“抗拒点”，只要能解除这个抗拒点，他的购买就可以实现。那如何解除他的抗拒点呢？李小姐到底该如何去应对这种有风水先生加入的局面呢？

虽然风水有科学的一面，但也有不少人“神话”了风水，将居住环境与身体健康、工作晋升、财富走势等联系起来，这些都还没有被科学证实。因此，从这个层面上来讲，风水对于一个不懂风水的人来说，是一种

“信则有，不信则无”的东西。在风水大师的眼里，“再坏的风水也是有得治的”，所以，要解除顾客的风水抗拒点，不是要解除风水本身，而是要解除风水好坏的来源，也就是让风水先生说好话，从而影响顾客的购买决策。如果一个售楼代表想从风水本身解除顾客抗拒点，那将走入误区，毕竟，售楼代表只是专业的售楼人员，不是专业的风水大师。

如果李小姐改用这样的话来应对，会出现什么结果呢？

顾客：“李小姐，我给你介绍一下，这位就是我昨天跟你提起的大师江先生，我们一起上去再看看那套房子吧。”

售楼代表：“江先生，您好！早听宋先生提起您的大名，久仰，久仰，要是早认识您就好了。上个月我有两个客人想买楼，可他们找不到看风水的大师，说一定要看过风水后才决定是不是买，不知以后要是还有顾客想看风水，能不能打电话给您，请您帮忙？这是我的名片，能与您交换一下吗？”

风水先生：“没问题，这是我的名片。”

这样说有什么好处呢？做事情很重要的一个原则是“攻心为上”，风水大师也是个生意人，如果有生意介绍给他，他能背着你说坏话吗？那不等于断了自己的财路吗？即使风水真的有什么问题，他也会有那句“不过，这种情况很好处理，只要……就行了”。这样，你也就可以转危为安了。

切记：热处理！攻心为上！

第37章 突发事件中，通过应变反败为胜的三大法则

古时候，有个秀才上街去买柴，见一卖柴者就招手叫喊："负薪者过来。"卖柴的人虽然听不懂，但看他招手，知道是叫自己，于是就走过去了。秀才问道："其价几何?"卖柴者也听不懂，但听到一个"价"字，就报了价，秀才又说："外湿内虚，烟多焰少，请损之。"秀才话刚说完，卖柴者听不懂，担着柴就走了。

看完这个故事，你可能会觉得这个秀才太迂腐，但在卖楼过程中会有不少人犯类似的错误。我看到不少售楼代表在卖楼过程中大谈特谈容积率、建筑密度等专业术语，甚至把它们当成口头禅，对购楼者来说，真正懂得这些专业术语的却不多，哪怕是售楼人员，在进入房地产行业之前，也大多只是对这些专业术语耳熟罢了。

容积率、建筑密度的高低有什么不同?到底给置业者带来什么好处?这些是购楼者最关心的。几个数字摆在那，对一个普通的购楼者来说，没有任何意义。一些二次或二次以上置业的购楼者可能知道一些房地产专业术语的意思，但也只是可能而已。在售楼过程中，要针对不同的人讲不同的话，否则会出现鸡同鸭讲的现象，结果往往是鸡飞狗跳。因此，一般在讲完专业术语后还需要解释这个专业术语，并讲清楚它给购楼者带来的好处。当然，面对不同的人群，要选择不同的表达方式。

应变能力的第一个表现是要有针对性地选择语言表达方式，其次，要

求我们有处乱不惊、急中生智的能力，把突发事件有效地化解，并增进销售。

你或许有这样的经验，跟朋友一起吃饭时，突然有人不小心把酒杯或茶杯碰倒了，溅了一桌子，这时可能会有人大声说："发财！发财！"因为人们习惯把水（或液体）视为财。这一声"发财"会有效地打破这种尴尬的局面。其实，这种有效缓解紧张局面的手法同样可以运用到售楼工作中。

有一次，我在售楼部帮助一对夫妻算楼价，女主人比较喜欢这套房子，对价格计算听得很入神，一不小心把水杯弄倒了，不但把桌子溅湿了，而且水溅到了她的衣服上，我赶紧拿来纸巾递给她，笑着说："看来这套房子与你有缘，入住后一定要发财！"先生接着就问道："为什么这么说？"我说："水为财啊。"对方的先生一听就乐了，指着售楼部外面的人工湖笑着说："看来等一下出去之后我得跳下去，这样岂不是要发一大笔横财了！"我也笑着说："那样是故意的，不算，您太太刚才不是故意的，那才能算是财。"这位太太瞅了先生一眼，也大笑起来。一个本是非常尴尬的局面立即变得非常融洽，于是，接下来收取认购诚意金的工作变得更加顺利。

还有一次，一位客户准备离开时，突然下起雨。这位顾客不太喜欢下雨，看见下雨脸色都变了。我笑着对她说："贵人招风雨，看来这个楼盘对您很有感情啊，都不舍得您走。"一下子就把客户给逗乐了。于是，我把她重新引到洽谈桌前，愉快地跟她交谈购楼事宜。这位顾客第二天就来交认购诚意金了。

专业的售楼代表如何提升自己的应变能力呢？应变能力属于思考型人士的特长，是可以通过锻炼获得的。一个专业的售楼代表要提高自己的应变力，必须经常收集顾客的各种反应，并思考如何应对，通常可以从以下几方面入手：

一、 寻找事物的矛盾辩证统一

这句话听起来哲学味很浓，的确如此。世间万物皆是矛盾的辩证统一，这是马克思主义哲学重要的观点之一。凡事皆有两面性，你从正面看，就会认为这件事是好的，有利于你；相反，你从负面去看，则会认为这件事不好，不利于你。

有一次，我接待一对前来看楼的夫妇，我说目前这个楼盘的均价是4500元/平方米，那位太太本能地大叫起来："什么？4500元/平方米？怎么会涨这么快啊？前一段时间不是才4100元/平方米吗？"我知道她说的不假，只是这段时间我们对价格做了调整了，我也理解她不愿意接受这个事实，毕竟，涨价对她来说不是件好事。但我马上想到事物的两面性，涨价或许对她有好处。于是，我笑着对她说："是啊！以前是4100元/平方米，不过，我们这个楼盘一直都在升值，现在涨到了4500元/平方米，难道您不希望购买一个会升值的房子吗？"对方这下不吭声了，于是我接着分析目前的房地产形势，以及我们这个楼盘的走势，并告诉她："这个楼盘价格走势一直非常稳健，还有很大的升值空间。"听完我这番话后，对方紧锁的眉头舒展开了，最后，还是愉快地交了定金。

二、 练就你的逻辑推理能力

很多时候，正面去回答客户，只要把话说一半，留一半给顾客去想象，效果会更好。

有一次，我接待了一位老太太，她之前在其他中介看过楼，并且对其中一套房子特别满意，就是担心对方公司不诚信，会有欺诈行为。于是，她来到我们公司向我询问那家公司的人怎么样。通常在这种情况下，不少售楼代表会恶意攻击竞争对手，我认为这种做法不可取，因为你讲的东西未必是真的，顾客的眼睛是雪亮的，很快就会发现你不可信，并且远离你。于是，我就对她说："那家公司以前不错啊，挺好的。但是，听说那里的人已经换了一批，您看坐里面那两位小伙子就是从那家公司过来的。"剩下的事情就要老太太自己去推理想象了。这句话有两点很重要：一是这家公司只是以前不错，但不错的人已经走了；二是我们公司不错，不错的人来了我们公司。这样回答的结果，一是没有贬低竞争对手；二是抬高自己，让顾客对我们公司保持信心。

练就逻辑推理能力，一方面，可以看些哲学方面的书，这对提高你的逻辑能力是非常有帮助的；另一方面，可以参加一些高质量的销售方面的培训，一些课程中有很多设计得非常好的销售对话，逻辑性特别强。你在学习过程中的任务是要学会举一反三，勤于思考，结合售楼工作中经常遇到的情况设计好你的应对话术，并多加练习。

三、留心观察，注意细节

“处处留心皆生意”讲的就是这个道理。在售楼工作中，要特别留意顾客的细微反应，要能听出顾客话里的机会。比如，你听顾客说“又升价了”，你的第一反应是这个顾客不是第一次来看楼，而且肯定是对这个楼盘有意思，不然不会有这么大的反应。由此可以看出，应变能力还包括观察力。

第38章

如何用直觉精准解读顾客，提高成交率

当你听到尖锐刺耳的声音会有什么反应呢？当女士们看到恐怖或者恶心的场面又会有什么反应呢？当你突然意识到自己讲错话或传递出一个坏消息时，你又会有什么反应呢？

人的嘴巴是会说谎的，但人的身体却很难说谎（除非经过特殊训练），因此，在售楼过程中，你必须用眼睛来"听"，耳朵听到的事有时不能尽信，但眼见为实，用眼睛来"倾听"顾客，往往会得到意想不到的信息。毕竟，人的身体语言通常是不会说谎的。例如，当我们听到尖锐的声音时，通常会捂住耳朵，表示想逃避这种声音；一般女性看到恐怖、恶心或血腥场面时，通常会捂住眼睛，或把目光转移开；当人们突然意识到自己讲错话或传递错误信息时，则会抿嘴或捂住嘴。

作为专业的售楼代表，更要会解读顾客在看楼过程中的各种肢体语言，也就是说要具备察言观色的本领。当你正确"倾听"顾客的肢体语言时，会获得更多的成交机会。

一般的购楼者都是非专业购买者，其肢体语言是不加掩饰的，可以直接解读。例如，在你介绍一套房子时，客户嘴上说"这太贵了""离上班的地方太远了""景观不太好""离市区太远了""不喜欢这套"时，他却不时地看附近漂亮的景色或仔细观察厨具、洁具等，甚至在看是什么品牌，或垂涎随楼附送的物品等，并询问这些是否写进合同。购楼者走回来再多看任何事物一眼，你都可以确信他已经喜欢上这套房子了，你有机会成功地向他推销这套房子。

有的顾客在说“不”时，会在结尾加上一句“但是……”这也表明顾客有可能心中已经认可，这时，你要特别注意观察顾客的肢体语言。例如，顾客说：“太贵了，但整体还不错”，如果表情较轻松，你可以确信他已经确定购买，可以大胆发出成交请求。

当然，对于一个经过特殊训练的人来说，有时肢体语言可能未必准确。但大多数情况下，普通购买者的肢体语言都不会说谎。通常情况下，常见的肢体语言有以下一些：

表 38-1　常见的肢体语言及其含义

肢体语言	含　义
双手抱于胸前	抗拒、封闭、防卫
手掌展开	开放、诚实，愿意提供帮助
搓手	预计某事对自己有益
身体前倾	感兴趣
避开目光	对别的事物感兴趣，或是在逃避什么
摩挲脖子	灰心丧气，或是疲劳
捂嘴	不确定，或是欺骗
抬眉	怀疑
点头	同意、专心
摇头	不同意
微笑	好的感觉、开放
手中拿东西玩儿	不安、紧张
摸下巴	感兴趣，或是同意
抓头发、搔头	很难做决定，紧张、不安
锁眉	思考，或是不同意、不赞同
跷二郎腿	放松、轻松，个别情况下是紧张，如坐飞机跷脚
双手紧端水杯	非常用心地倾听（多见于女性）
频频看时间	还有事情，或是不感兴趣
整个身体躺在沙发中	表示同意，或是非常放松

第39章 练就判断买楼真假异议的火眼金睛

全美公认的销售天王——金克拉在他刚从事销售时，遇到这样一件事情：

有一次，他去拜访一家农宅，向主人展示他推销的厨具。他回忆说："我永远忘不了当时大家回到厨房参加展示的那一幕。"当他展示完毕之后，男主人突然表示："金克拉先生，你的介绍虽然一点也不差，而且你的产品的确很好，但我们还是不为所动。你看看我们家连一间浴室都没有，我们结婚20年了，我过去还不是每年都信誓旦旦地向太太保证：'别担心，明年我们就盖一间来用'。但年复一年，我们还是没有浴室，原因很简单，不是今年农作物歉收，就是小孩子病倒，或者需要添置农用机具，总是找不到闲钱可用。"主人稍微停顿一下接着说："今年我们终于凑足了这笔钱，能有一间梦寐以求的浴室了。"他一边说一边拍着腰包说："在浴室没有盖好之前，谁都休想抢走我口袋里的一分钱。"听到主人的坎坷人生，金克拉不禁为之动容，也非常同情他，心想："这人太可怜，与其死缠烂打，不如另觅良机。"于是，礼貌地结束了推销工作。

两天后，金克拉在镇上巧遇主人的妹妹，当时，他的妹妹也在现场参观厨房用具展示。妹妹对金克拉说："你知道那天在你离开后，我哥哥有多生气吗？"金克拉不解地问道："为什么？"妹妹回答："原因很简单，当天我哥哥其实很想买你推销的那组厨具，但你连机会都没给他，他再也不会相信你了。”

仔细分析上述案例就可以看到，主人说：“今年我们终于凑足了这笔钱，能有一间梦寐以求的浴室了”这并不是一个真的拒绝信号，无非是在表明自己有能力购买，但希望对方能够在价格上让步，希望通过自己的处境打动销售员，逼他让步而已；主人一边说一边拍着腰包的肢体语言说明，他为自己能够支撑起这个家感到自豪，他愿意为这个家付出最大的努力，当然也愿意通过购买这组厨具来改善家里的生活。初入销售行业的金克拉没有捕捉到这一切，没有坚持，从而错失推销机会。

其实，在我们推销房屋的过程中，不少顾客也是这样，他们往往口是心非，几乎没有人会说：“是的，这正是我想要的房子”；或者说：“这个价钱很合理，我买得起”再或者说：“这里的房子快要升值了，看来我得赶快购买”等。相反，在他们购买前总会找一些借口，要不说房子有缺陷，要不就说房子太贵，或者干脆说自己经济状况不太好，很难买得起，以此来迷惑售楼代表。

因此，在接触顾客的过程中，你一定要读懂顾客的心，只要你勇于推介楼盘，机会永远存在。如果你故步自封，滥用感情，要想把房子推销出去，恐怕就没有那么容易了。

当然，在售楼过程中也不能一个劲地猛推销，因为，顾客很有可能会拒绝你，你要判断这种拒绝是否是真的异议，有些可能是想借此来压价或争取主动，如果是这样，你可以忽视或改变话术，重新夺回主动权；如果是真的异议，你必须搞清楚原因。有时候，顾客非常不愿意表达一些异议，例如，很少有顾客会承认自己买不起这套房子，因为承认自己没有足够的钱不仅会令自己尴尬，而且会刺伤自尊心。当顾客遇到这种情况时，通常会找这样一些借口：“我单位有一位同事也有一套与这套差不多的房子想卖，我先考虑一下再定吧”，或者是“我有个朋友在某某楼盘（或某某房地产中介公司）销售房子，我得先问问他”等。遇到这种情况，你可以试探性地推介一套更为便宜的房子，征询他的意见，千万不可在一棵树上吊死，死抓住一套房子不放。如果顾客总是说太贵，并急于表达自己经济能力不太好，家里这一阵子比较紧张，迟迟不做决定时，这些通常不是真正异议，他其实很想拥有这套房子，只是想在价格上获得较大的让步。遇到这种情况，你可以试探性地询问："假如您的经济状况好转，您认为这套房子值多少钱呢?"或者说："以您的眼光，您认为这套房子卖多少钱合适?"这时不需要解除顾客的异议，而要揣摩顾客心中的底价，并做试探性成交动作。

此外，顾客还可能表达出一些假的异议，如对你的公司（或楼盘）不了解，但又不想冒犯你时，他们不会直接说你不可信，他们会说回去考虑考虑。这时，你需要用已设计好的话术多问些问题，搞清楚他们担心什么？害怕什么？

辨别真假异议的最好途径就是当你提供肯定的答案后，留心观察顾客的各种反应。一般来说，如果顾客对你的肯定回答无动于衷，那肯定是假的异议，还有其他原因让他担心或害怕。这时，你可以继续问些问题，也可以大胆地说："先生，我想请您帮我个忙。"这时，大多数人会说："好吧，你说说看"或"我能帮你什么?"你可以接着问："您能否告诉我，到底是什么原因让您觉得要考虑考虑呢?"他们可能会说："嗯，说实话……"这时，你一定要仔细聆听顾客的真实异议。

在辨别顾客真假异议时，一定要注意交谈气氛的把握，切不可咄咄逼人，让顾客陷入窘境。我们要遵循的一条重要原则是，卖楼不是打胜仗或吃败仗，切不可与顾客争得面红耳赤。我见过一个售楼代表接待顾客时，顾客说："我不买楼，只是随便看看。"售楼代表就低声跟旁边的同事说："吃饱了撑的没事干，不买楼上这来瞎转什么?"这句话让顾客听到了，顾客一下子被激怒了，与这位售楼代表争执起来。不管顾客是否买楼，都要尊重顾客，维持良好的销售氛围。

第40章 楼盘成交从拒绝开始，如何化拒绝为成交

任何人做事情都不可能总是一帆风顺，也不可能总是百分之百成功，就连篮球之神——迈克尔·乔丹整个职业生涯的投篮命中率也不到50%，风靡世界的畅销书《飘》的作者第一次投稿也被编辑退稿。售楼工作就更不用说了，肯定会遭遇顾客的拒绝。不过，正因为有拒绝，才有售楼人员存在的价值。试想一下，如果顾客没有拒绝，买楼就像买电影票那样，哪里还需要我们这些售楼人员呢?

当然，这并不意味着我喜欢被拒绝和异议团团包围，天天疲于应付拒绝可不是件好事。我和你们一样，也不希望遇上这种事。在售楼工作中，存在着大量的拒绝，在一次成功的推销之前平均要遇到五次拒绝，而在我的售楼工作中，90%以上的房屋成功售出前遇到过至少一次拒绝，很少有一经推介，就立即成交的。如果一遇到拒绝就放弃的话，可能我好几年前就退出房地产这个行业了，今天你也不可能读到这本书了。

在大多数情况下，拒绝表示顾客有兴趣；相反，在很多情况下，没有拒绝，则表示没有兴趣。如果顾客对你介绍的楼盘无动于衷，含糊其词，对你的问题毫无反应，忽视你的楼书及楼价计算表，那么你的麻烦可就大了。在售楼过程中应如何正确看待拒绝呢?

如果你在宁静的池塘里钓鱼，渔线的另一端传来轻微的拉力，你会立即兴奋起来，因为这表明鱼儿已经上钩。同样的道理，当顾客对你的楼盘介绍产生异议时，你也应该暗自庆幸，因为终于引起了顾客的注意，他可

能已经对你推介的房屋产生了兴趣。不管他的异议有多强烈，你都要保持耐心，不要恐惧，不要被轻易击倒。你应该感到高兴，因为终于有机会把售楼工作往前推进一步了。这时，只要你抓住机会，了解清楚顾客的真正异议，并采取方法解除它，楼盘销售工作就可以顺利推进。

一般在售楼过程中有四种原因造成客户拒绝。

一、 不关心

最理想的楼盘介绍是在介绍过程中或结束后，顾客会不停地提出一些疑问，这表示顾客在认真听你介绍，有一定的兴趣。如果顾客听完之后没有反应，这代表顾客要么没有兴趣，要么根本没有听。所以客户提出问题应该高兴，通过回答可以吸引顾客的关注点。如果顾客没有任何问题，反而会令楼盘介绍陷入尴尬，介绍效果也会很差。

顾客为什么对你介绍的楼盘不关心呢？通常有如下一些原因：

◇ 他们已经购买了你的竞争楼盘或决定购买竞争楼盘；
◇ 他们目前有房子住，并且对目前的居住状况感到满意；
◇ 他们看的楼非常少，对楼盘及楼市还没有任何概念，不表态；
◇ 他们准备看下一个竞争楼盘，对你的楼盘及竞争楼盘均没概念；
◇ 他们根本不需要这样的楼盘；
◇ 他们没有购买这个楼盘的能力，或者根本没有决策权；
◇ 他们太忙。

如何处理顾客的“不关心”？关键是要通过细心观察与有效沟通确认其“不关心”的真正原因，并回到相应的销售阶段，如回到需求鉴定阶段，重新探寻顾客的可能需求或顾客没有意识到的需求，并对相应的利益及好处进行陈述。

二、 误解

这种拒绝及异议源于客户对楼盘、服务的不正确理解或者对公司的不正确、不合理的推测，也有可能是售楼代表在介绍中有遗漏或错误。处理这种拒绝及异议相对容易，主要通过询问等方法确认让顾客产生误解的原因，然后，以轻松的方式认同客户的误解，并加以解释。切记，这种情况下的拒绝及异议处理，一定要建立在和谐的沟通环境基础上，即使顾客对误解的产生有过错，也不可以去批评或纠正他的错误，这样会令他面子上下不来，如果把责任往自己身上推，就能以轻松的方式一带而过。

此外，即使误解消除，顾客心理上仍会有阴影，必须通过重新阐述楼盘的利益及好处，使他的情绪稳定下来，慢慢接受你及你推销的房屋。

三、 怀疑

怀疑其实是一次很好的推销机会，因为只有在顾客很关注你的楼盘时才会产生怀疑，只是我们在介绍楼盘的过程中，没有完全说服顾客，还需要大量的证明材料。

处理这类拒绝及异议通常要先确认顾客的疑虑是什么，到底是对楼盘不了解或很了解，还是对销售人员不信任，或者是售楼代表在介绍过程中提供的楼盘资料不充分？

确认顾客的疑虑后，则要提供相应的证明材料。例如，顾客怀疑产权问题，如果是预售楼可提供预售许可证以及房管部门的查询电话，顾客仍有疑问的话，可到相关部门查证；如果是二手楼，可提供房产证复印件以及房管部门查册的地点及电话等。此外，也可以依据顾客的需要提供证明材料，提供不了的可解释原因。

四、 楼盘的真实缺陷

真实缺陷指楼盘、服务不能满足顾客需求的地方。任何楼盘都不可能十全十美，遇到这种情况，我们必须面对现实，从全盘角度向客户解释，你可以这样说：“如果我们的楼盘的某个缺陷对您很重要，无法避免，那我就不勉强您了；但如果这一两个缺陷不足以抵消其他因素对您的吸引的话，那么为什么不做全局考虑呢？”

在顾客心中其实是存在一个天平的，一边是产品的特性和益处，一边是产品的缺陷。顾客决定购买一套房屋，肯定是特性和益处远远大于缺陷；如果缺陷远远大于特性和益处，顾客肯定会选择拒绝。

处理拒绝及异议固然非常重要，但“处理”往往是亡羊补牢，最好的办法是预防拒绝及异议的发生。在销售的各环节，如果你确定了顾客最关心的事项，那事先就要将解决这类问题的方案设计在你的楼盘介绍过程中。有效预防拒绝及异议的产生，可以做如下事前准备：

◇ 列出可能产生的拒绝及异议；

◇ 为每一种拒绝及异议准备几种解决方案；

◇ 准备相应的售楼工具；

◇ 用角色扮演来回答、修改；

◇ 不断地修改、完善；

◇ 可在顾客身上试用，观察他们的反应，并检讨、修改、完善；

◇ 打印出来，分发到每个售楼代表手中，要求其练习、熟记；

◇ 定期讨论修改，不断完善。

第41章 不同性格采用不同沟通方法

销售界有这样一句话:“销售是98%的人性加2%的产品。”这98%的人性和销售人员、顾客两方都有关系，个性特质对销售能力的影响不言而喻。

我们常说要知己知彼，但不知道每个人心中所想是否相同？同样的一句话，出自不同人的口中，意思可能会不同；同样的一句话，不同的人听到，也会有不同的解读。很多人都习惯以自己的想法来揣测别人的想法，以为自己要的就是别人要的，以自己的标准来评判别人的作为。专业售楼代表的一言一行必须从顾客的角度出发（即以顾客的思维模式及行为标准进行销售），才能产生最佳的沟通效果。不同性格的人思考方式及行为也不同，要想正确掌握顾客购买模式，必须先判断顾客的性格。

人类对性格的研究已有很长的历史，在古巴比伦时期，就出现了对人类分类的方法，并逐渐发展成为最早的个性研究之一。当今社会有许多关于性格研究的理论，如MBTI（Myers Briggs Type Indicator）理论、弗洛姆理论、九型人格、传统四分法等。

就顾客分析来说，用得比较多的是九型人格和传统四分法。九型人格把人分成九种类型，即完美型、助人为乐型、成就型、自我型、思想型、疑问型、活泼型、领袖型、和平型；传统四分法是从对外向性格、内向性格、关系导向及工作导向四方面的关注程度把人分成四类。

细分程度越高，就越有针对性，但随着细分程度的提高，要完全掌握的难度也会随之增大。我看到过有人写的“21 种最受欢迎的性格”，但现在一种也记不清了，种类太多，往往令人无法真正掌握。专业的售楼人员掌握传统四分法就足够了，关键是一定要悟透。

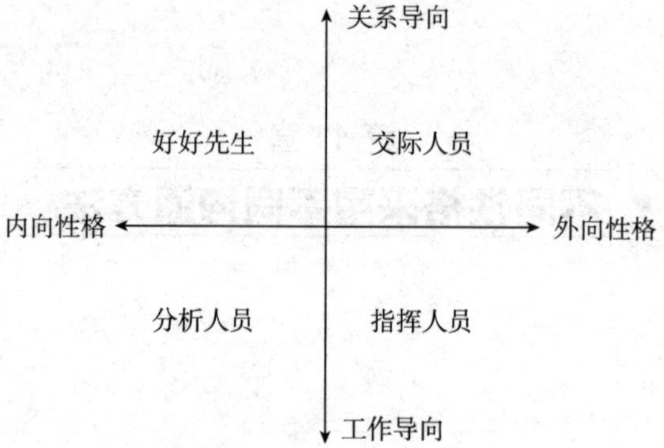

传统四分法中的四种人格形态

一、 好好先生

性格： 这类人很在意别人对自己的看法及与群体是否能和睦相处，但他们通常是慢吞吞的，比较安静，举棋不定，易受别人影响。这类人时间观念不强，做事小心谨慎，前思后想，倾向于大众化，所以不能催促他们做购买决策。他们喜欢配合家人，追求亲密、熟稔的关系，会尽量避免高风险。

职业： 人力资源、助理、咨询服务人员、教师、社会团体工作者、公务员、护理人员等领域。

特征： 在意别人为你推荐的楼盘及提供的服务；经常提起别人对你的楼盘或公司的看法；如果是二手楼业主，其房屋会放置盆景、家庭照片、糖果等，或者悬挂一些人生格言；喜欢穿暖色调、温和、舒适的衣服。

沟通方法： 对这类人进行楼盘介绍时不需要图表及统计数字，关键是要取得他们对你的信任；这类人喜欢握手，以及身体公共区域的接触；与他们沟通要记住和蔼、包容、舒适、友好、温和、信任、参与及合作等词汇，要取得他们的信任，让他们感觉良好；在楼盘介绍过程中，可以与他们保持较近的距离，甚至抱抱他们的孩子。

二、 交际人员

性格：这类人性格外向，以维护关系为导向，甚至滔滔不绝，喜欢夸大其词，爱表现，喜欢谈论自己及对方，思维活跃，富有创造力，常常做出情绪化、无逻辑的回答，开朗、直率、爱走动，有高度的成就感。

职业：销售、公共关系、辩论、演艺、创意等领域。

特征：喜欢谈论自己的成就、获奖事项以及一切以己为荣的事，看楼过程中爱表现出自己在房地产方面的专业性；如果是二手楼业主，其房屋通常摆设较凌乱，书房可能会挂些表达情感的画或奖杯、奖品等。

沟通方法：这类人喜欢说话，所以尽量让他们表达，谈话中不要过多地用数字或详细的论据去烦扰他们；他们喜欢有趣的东西，你要尽量表达得幽默；他们很注重感受，你要尽量赞美他们，让他们在购楼过程中兴奋起来；在楼盘介绍过程中，尽量让他们参与进来，发挥想象，憧憬未来；可适当地多运用接触式卖楼的方法来引导他们，增强他们对你的信赖感。此外，要抓紧时间，催促他们尽快决策。

三、 分析人员

性格：这类人严谨、保守，注意细节，非常关心分析过程，但也关注结果，关注你的楼盘给他们带来的利益及好处；逻辑思维能力强，考虑事情非常周全；矜持、优柔寡断，一般较沉默，不爱说话，避免冒险，喜欢分析，讨厌别人犯错。

职业：会计、律师、质量管理、工程、计算机编程、建筑、系统分析、医生以及其他一些技术要求较高的领域。

特征：经常问你的楼盘都有谁买，邻居是什么样的人；衣着保守，话不多，善于提问；如果是二手楼业主，家里摆设整齐，干净卫生，一般客厅不会摆放家庭照或泄露个人情感的东西。

沟通方法：这类人做决策的时间较长，不能催促太急；楼盘介绍时要注意逻辑，详细介绍，并适当地加以引证，或提供一些证明材料，可用数据、图表等介绍；跟这类人接触只限于握手，尽量避免与他们身体上的接触；可适当地向对方提出问题，但不能太多，他们喜欢听你说话。

四、 指挥人员

性格：这类人有极强的控制欲，一进电梯就站在按钮旁边；他们只关注结果，不注重过程和细节；冷静、客观、自制，易于表露个人的期望，冒险、好竞争、目的性强、时间感强，通常会做好准备，主动积极，不喜欢聆听，没耐心，有时固执己见。

职业：创业家、企业主、销售经理以及职务较高的人。

特征：说话干脆，直奔主题，衣着及饰品较显眼，引人注目，步伐较快；如果是二手楼业主，家里摆放整齐，通常看不到糖果罐等物品，书房的书柜上会摆放奖品和荣誉奖章等。

沟通方法：楼盘介绍时要尽快切入主题，语言精练，多介绍楼盘的利益及好处；尽量避免谈私人话题，千万不要谈一些无意义的幽默，例如，“平时有些什么活动”“周末怎么过的”等；提高服务速度，抓紧时间催促其尽快决策。

第42章 让顾客喜欢你的FROM模式

在你的售楼过程中，是否出现过下列情况呢?

在接触购楼顾客的过程中，除了向顾客介绍楼盘外，不知说什么好，跟顾客找不到共同话题，与顾客总是沉默相对，或者顾客对你的话题毫无兴趣。

我们与顾客接触的时间通常是有限的，在有限的时间里，除了要给顾客留下好的第一印象外，还必须察言观色，抓住顾客心理，闪电般地引起顾客共鸣。要想引起顾客共鸣，必须抓住顾客感兴趣的话题，因为人们总是对那些和自己兴趣、价值观一致的人产生好感。但顾客的职业、爱好、年龄、价值观、性格等千差万别，要寻找出顾客感兴趣的话题，谈论的问题就不能求“深”，必须求“广”。

到底哪些方面的话题容易引起顾客的关心及兴趣呢?

研究表明，人类的本性是最关注自己的利益，如果你多谈顾客、他们的家人、他们的工作、他们的消遣以及他们关心的事情，他们马上会尊重你；相反，如果你太多地谈论自己的事情，而不是他们的事情，这会让他们有一种不被尊重的感觉，对你的尊重也会削弱。

因此，有效的顾客沟通模式是多问些问题，让他们回答，让他们在回答中谈论自己。有效问问题的内容可用FROM模式来概括。

F—family（家庭），即多问一些顾客家庭方面的问题。

例如：

××先生/小姐，您结婚没有？您的孩子多大了？

××先生/小姐，您儿子/女儿在哪所学校上学？学习成绩不错吧？

××先生/小姐，上次听您说母亲得了关节炎，最近好点了没有？

R—recreation（娱乐），即多问一些与顾客的娱乐活动有关的问题。

例如：

××先生/小姐，休息日都有一些什么活动？

××先生/小姐，听说您乒乓球打得非常好？

××先生/小姐，国庆假期去哪儿旅游了？

××先生/小姐，上个星期去泰国玩得挺好吧？

O—occupation（职业），即多问一些与顾客的职业或工作有关的问题。

例如：

××先生/小姐，您是做哪一行的？

××先生/小姐，听说这一行对人的要求可高了，您当时是怎样选择的？

××先生/小姐，您近来工作忙不忙？

××先生/小姐，真佩服您，这么年轻有为，能传授点绝招给我吗？

M—money（金钱），即多问一些与顾客财务有关的问题。

例如：

××先生/小姐，我真羡慕做你们这行的，待遇这么高。

××先生/小姐，您这么喜欢旅游，如果钱不是问题，最想去的地方是哪里？

××先生/小姐，您小孩上哪个小学？花费不少吧？

××先生/小姐，听说您喜欢投资股票，最近有哪些股票可以推荐一下？

当你与顾客相处时，觉得没有话题可谈，就可以利用这个 FROM 模式来发问，让顾客谈论他们关心或感兴趣的话题。在与顾客的沟通过程中，必须注意如下一些问题：

◇ 记住，售楼代表不要当老师，不要告诉顾客如何做是正确的或什么是正确的事情，要当一个滔滔不绝的侃爷，谈论顾客关心及感兴趣的事情。

◇ 微笑能同步拉进你与顾客之间的距离。

◇ 养成握手的习惯，并经常使用它。在与顾客握手的过程中，记住掌心向上，不要捏痛别人，但要确保你的握手是有力的、自信的。

◇ 保持良好的目光接触。

◇ 学会倾听，不打断别人。

◇ 多用“你”或“你的”，少用“我”或“我的”。

◇ 清晰、友好交谈，与顾客谈话的音调通常比谈话的内容更重要。

◇ 多肯定、赞美别人，称赞并认可顾客的成就；更正顾客某些错误或观点时，不要用“但是”，要多用“同时”。

◇ 记住别人的名字。

◇ 理解及欣赏顾客的性格差异。

◇ 除非绝对必要，否则不要告诉顾客你不同意。

◇ 绝对不要同顾客争辩。

◇ 当你说“谢谢”的时候，一定要诚心诚意，并且要大声说出来。

◇ 保持良好的职业形象。

◇ 保持愉悦的心情与顾客交谈。

第43章 灵活运用三大体验式售楼模式

有一位农夫想为自己的儿子买一匹小马，在他居住的那个小镇当时共有两匹小马出售，其中一匹要价600美元，想要的话，付款后可以带走；另一匹则要价850美元，但第二个售马者告诉农夫，在他决定买与不买之前，他可以让他的儿子先试骑一个月。他除了将小马带到农夫家里外，还准备了小马一个月吃草所需的费用，并且派自己的驯马人一周一次到农夫家里去教他的儿子如何骑马及喂养小马。他还告诉农夫，小马十分温顺，最好让农夫的儿子每天能骑小马，让他们相互熟悉。最后，这位售马者还说，在一个月结束时，他会亲自去农夫家，或将小马带走，将马房打扫干净；或是农夫支付850美元给他，将小马留下。

农夫会从哪一位售马者那里购买小马送给儿子呢？我想这种无条件试用的确让人无法抵挡，在销售中我们称之为“小狗交易法”。但在这里我要说的不仅仅是“小狗交易法”，而是在售楼过程中如何让顾客亲身体验我们的楼盘。在推销楼盘的过程中，如果你只让顾客看楼盘的资料，在他们的头脑中通常只会保留10%的内容；如果你让他们看到及听到相关资料，他们通常可记得其中的50%；如果让顾客亲身体验或参与某些事情，他们可以记住90%。因此，在售楼过程中，尽可能让顾客参与体验。

目前，市场上的体验式售楼现象并不少见，如广州某山景楼盘，为了突出其自然环境，以及森林带来的丰富负氧离子，在开盘前就举行了“白云山吸氧一日游”活动，给顾客留下了深刻的“健康”印象；某江景楼盘为了突出其江景美色，先后举行了“坐热气球看江景”“坐直升机看楼”的活动，吸引了不少准买家参与体验；有些景观好的楼盘打造空中样板房等让顾客在买楼前充分体验楼盘的美景；还有些以小孩为诉求的楼盘，在其开办的少儿素质训练基地举办一些少儿书画比赛等吸引准买家，让小孩参与一些项目，体验其教育资源的先进性；更有某集团为了让顾客体验其楼盘的质量，推出“无条件退楼”服务，充分让顾客参与体验。

可能你会说，这些活动只有在大型促销中才可能实现。那么，在平时一对一的楼盘销售工作中又如进行体验式售楼呢？其实，一对一的售楼同样可以让顾客参与体验，你可以从如下几个方面入手：

一、 让顾客体验细节

在售楼过程中，你可以让顾客体验他关心的一些细节，如果顾客关心楼盘的地段，你可以让他计算楼盘到市中心某标志性建筑物的时间；如果顾客关心运动，你可以带他到会所，让他参与某项他热爱的运动；如果顾客关心交通，你可以让他计算楼盘至地铁、车站的时间等。当然，这些体验必须是你推销楼盘的优势，否则会起负面效果。例如，有一次，一位售楼代表在推销一套花园里有秋千的别墅时，就陪着顾客的小孩在花园里玩秋千，结果顾客就为秋千埋了单。

二、 发挥顾客的想象力

一些楼盘未来可带来的利益或好处，可能不是马上可以看见的，这时，你的任务就是把未来的利益及好处文字化，用语言表达出来，通过顾客的想象得以体验。比如，在样板房里，让顾客坐在沙发上，跟他描绘坐在沙发上可以看到的美景等。

三、 让顾客触摸

让顾客触摸楼盘细节，感受楼盘的质量等，这点已在之前的章节中详细介绍过。

第44章 如何让购楼者的购楼体温迅速上升

水在一个标准大气压下达到100℃才会沸腾，购楼者的购楼行为也一样，通常只有当一个人的购楼欲望达到沸点时，购楼行为才会发生，我们称购楼者的这种购楼欲望为购楼体温。在售楼过程中，你的主要任务就是尽可能激发顾客的购楼体温不断上升。

当你向顾客介绍房屋的利益及好处时，如果顾客表示认同，则购楼体温就会上升，上升的程度因你介绍的方式及顾客产生的感受不同而不同；相反，如果顾客产生抗拒、怀疑、不关心、不认同，则会使购楼体温下降。顾客对你的楼盘、公司或服务感到满意，购楼体温也会随之上升。因此，专业的售楼代表需要从以下三个方面掌控购楼者的购楼体温：

◇ 当顾客购楼体温较低时，要不断地提升顾客的购楼体温至沸点；
◇ 当顾客购楼体温在沸点时，要维持顾客的购楼体温；
◇ 当顾客购楼后，仍要维持顾客的购楼体温，让顾客的热情升华。

要让水沸腾有两种办法：一是不断升高水的温度至沸点；二是改变气压，让水的沸点降低。让顾客产生购楼行为也一样，一方面，你可以不断提升顾客的购楼体温；另一方面，你可以通过制造紧张感，降低顾客购楼沸点。关于制造紧张感，已在本书其他章节论述。这里主要讨论如何提升顾客的购楼体温，可以从以下几个方面着手：

一、 做足售楼前的准备工作

（1）检查一下你的服饰仪表有什么不得体之处。

（2）翻阅一下你的客户簿，看看你这次要接待的顾客之前的跟进记录，并简单回忆一下你了解的有关情况，定下本次的沟通目的。

（3）在带顾客看楼的路上，或顾客来之前，你应该认真琢磨一下这位顾客，把你的关注点集中到他身上，他到底需要什么样的楼？他喜欢什么样的开场白？他对你会有什么态度？

（4）这次顾客看完楼会有何种反应，如何应对？

（5）随身带着顾客的联系电话，以便能随时联系。

（6）检查售楼工具是否齐备。

二、 避免让顾客购楼体温下降的事件发生

（1）除非你想吵架，否则千万不要提出有敌意的问题，也不要指责对方的诚意。例如，问对方买不买得起，或是以挑衅性的语言激怒顾客，这样做不但不会令顾客做购楼决定，反而会引起顾客的不快。

（2）不要随意打断顾客讲话。售楼不是法庭辩论，要提问，必须伺机而出，不要故意出难题，让顾客没面子。

（3）针对你的楼盘的利益及好处设计一些有效问题，以适当的方式提出，引导顾客对利益及好处有深刻认识。

（4）在顾客做决策时，不要兴奋过度，保持冷静的头脑和冷静的状态。

三、 每次带顾客看楼后的TDPPR

一套房屋的交易成功，很少是一次看楼就完成的，顾客总要有所比较，才会做出购买决定。看楼后一般会出现四种可能性：一是顾客同意购买，这是最好的结局；二是顾客没兴趣；三是顾客请你保持联络，但对下一次看楼的时间不做决定；四是提出进步要求，需要复看或者回去考虑考虑等。

因此，在楼盘介绍和带看楼的过程中，你的任务就是要让售楼活动不

断地进行下去，直至成交。一旦进入售楼流程，就要让它不断前进，千万不要让它停下来。否则，顾客的购楼体温就有可能降至冰点。

TDPPR 公式是楼盘介绍、带看楼的有效指引。TDPPR 公式中的 T 代表时间（Time），D 代表日期（Date），P 代表地点（Place），P 代表人员（Person），R 代表理由（Reason）。如果在销售例会上，你的上司问你销售进展如何，你就可以根据这个公式回答他，每位顾客跟踪到什么阶段，目前跟进的顾客下一次看楼的时间、日期、地点（二手楼中指约看什么楼）、什么人看楼（顾客会带什么人一起来看楼，关键是要有决策人同行）、看楼的原因（是复看，还是其他原因）。在每一次楼盘介绍、带看楼结束时，如果不能结束交易，一定要做 TDPPR 中的事项决定，确保售楼活动不断进行下去。

四、 做好售楼后的工作， 让顾客购楼体温升高

（1）在签订《房地产买卖合同》后，必须稳定顾客的情绪，随时让他保持平静。因为在签订合同后，一般双方都会感到兴奋，所以专业的售楼代表在签订合同后一般会找一些让顾客轻松的话题，而不谈刚刚售出的楼盘，只是与顾客愉快地聊天。

（2）签订《房地产买卖合同》后，不能只说“谢谢”就算完事，这样会让顾客感觉你只是一个生意人，一旦买卖结束，就开始敷衍他。专业的售楼代表一般会上前与顾客握手致谢，并送他上车或到车站，这样让顾客认为你不仅是为了生意，而且有意成为他的朋友。

（3）顾客回家后一两日内，记得打电话恭喜顾客，告诉他“你做了一个非常好的选择”，不断稳定顾客情绪。

第45章 让顾客折服的四大说服原则

要让一个人心服口服地去做一件事情并非易事，诸葛亮七擒孟获就很有力地说明了这点。要顾客把紧捏在口袋里的钱拿出来买你推介的楼盘也一样，你需要说服他。要说服顾客，必须掌握说服的方法及技巧。其实，楼盘推销就是一种说服过程，说服顾客要遵循以下四大原则：

一、 尽量利用第三方说服顾客

关于楼盘的利益及好处，用你独白式的解说，不如引用第三方佐证更有说服力。你可以引用报纸、电视等媒体对你楼盘的评价等来加强你的说服力；也可以用政府及专业机构的研究报告和数据来向顾客解说当前的房地产形势，催促顾客快点决策；还可以提及购买你的楼盘的社会名流，以此向顾客展示楼盘的素质；等等。当你引用第三方“说话”时，你的说服力就会大大增强。

这里的一个关键问题是，你平时要注意收集与你所卖楼盘及你所就职的公司相关的报道，有利于你向顾客解释当前房地产形势的文章，以及顾客的感谢信函等，把这些作为你的售楼工具，在恰当的时候展示给顾客。第三方证明材料将加深顾客对楼盘的认识，极大地增强你的说服力度。

二、 尽量满足顾客的需求

满足顾客的需求是售楼的重要能力，无论是一手楼销售，还是二手楼的佣金收取，售楼代表与顾客都是一对以房屋为纽带的矛盾体，往往一方的满足都是以另一方的牺牲为代价的。售楼代表每向顾客做一次让步，都需要付出一定的代价和成本。因此，专业的售楼代表往往在让步前就想方设法满足顾客，寻找顾客的真正动机。调查表明，一个置业者对所买房屋讨价还价的动机通常有如下几种：

◇ 置业者想买到更便宜的房屋；
◇ 置业者怕吃亏；
◇ 置业者想在讨价还价中击败售楼代表，证明自己的谈判能力；
◇ 置业者想露一手，显示自己在房地产方面的专业性；
◇ 置业者想摸清你的底价；
◇ 置业者想利用这些策略达成其他目的；
◇ 有时置业者出价是表示放弃，通常是从不可能的低价来示意。

你必须通过发问了解顾客讨价还价的真正目的，采用不同的策略去满足顾客。你可以在时间、成本、人的选择等方面适当让步，但这种让步必须先做全盘考虑，才能更有效地运用。

三、 尽量掌控销售过程

售楼代表与顾客的沟通模式，颇似医生与病人、律师与被告之间的谈话模式，总是有一方要统治或控制谈话主题，如果你没有占据主动地位，就会以失败告终。在售楼过程中，顾客会向你说明不想买的原因，但你必须把话题转到他为什么需要购买，以及购买这个楼盘会给他带来什么利益及好处上来。在这个过程中，不论出现什么样的干扰，如你的电话或顾客的电话响了，之后你都必须婉转地把话题拉回你所卖的楼盘上来，你必须吸引顾客的注意力。

掌控的方法是设计一系列可能出现的问题，用提问的方式吸引顾客注意力，从而掌控整个销售过程。

四、 掌控销售过程需注意分寸

每个售楼代表都会有一些控制销售的技巧，但必须注意不能欺骗顾客。你可能会对顾客施压，但一定注意方法要巧妙，绝对不能有敌意，或让顾客陷入尴尬。如果顾客对你产生怨恨，那就太糟糕了。宣传你以及你的楼盘、公司很重要，但不能让顾客产生妒忌。

掌握一些细节说服的技巧：

◇ 在与顾客谈判时，如果出现争端，先解决容易解决的问题，再讨论容易引起争论的问题；

◇ 时刻向顾客表明你站在他的立场看问题，婉转地要求他站在你的立场来看问题；

◇ 遇到争论，尽量把已解决的问题与正在争论的问题连成一体，这样就容易解决问题；

◇ 说出问题的双面性通常比片面地分析问题更有利于解决问题；

◇ 楼盘推介时，先透露一个顾客有兴趣的话题，吸引他注意；

◇ 楼盘介绍完毕，先询问顾客的感觉如何，在对方认同利益及好处的基础上，再提出你的观点；

◇ 多次重复楼盘利益、好处以及相关优惠措施。

第46章

房屋销售中，看家与买家的主要区别是什么

有一次，一位新来的物业顾问非常兴奋地向我请教，问我什么时候该逼客户下定？如何逼客户下定？原来，他上午带一对夫妇去看一套房子，这对夫妇看上去非常喜欢这套房子，当他介绍小区环境时，这对夫妇表示赞同；当他介绍这套房子的内部间隔时，也点头示意；当他介绍现在房地产形势，说明这套房子物美价廉时，这对夫妇还是微笑不反对。问他们感觉怎样？这对夫妇回答说："不错！不错！"这对夫妇的表现让这位新来的物业顾问喜出望外，但一时不知如何让客户下定、签约。听他介绍一番后，我就问他，这对夫妇有没有提房子的缺点？回答是没有；我又问，这对夫妇有没有对房子的价格提出异议？回答还是没有；我再问道，你有没有要求这对夫妇复看，他说有啊，不过这对夫妇说这几天有点忙，等有空会主动打电话联系他。凭我的直觉，这对夫妇其实对这套房子是不满意的。果然不出所料，当这位物业顾问一个星期后再打电话联系时，他们已经在别的中介公司看上了一套房子。

还有一次，我接待了一位男性工程师，这位工程师四十岁左右，我带他看了三次楼，感觉他对第三次看的那套房子比较感兴趣。他问我价格，我开价后，他还了价，并对房屋提了一大堆毛病，说小区环境太吵，治安不好；又说房间实用率低，间隔不好，装修太旧；还说不知建筑质量怎么样；甚至说现在房地产行情走低，房价在下降等一大堆不想买的理由。在我与业主一番讨价还价后，最后确认业主的底价与这位工程师的出价相符合，我把他叫

到公司详谈。我永远不会忘记当时的情景，这位工程师一来到公司，就说自己很忙，而且自己现在有房子住，不急于买房子，本来是不打算来的，但看我这么热情，勉强来一下，希望快点谈妥。当听到我要他签承诺书时，他就进一步压价，经过几个回合，房价没办法压了，就转而压中介佣金，要求打七折。他一边要求，一边威胁我说，他真的不是很想买这套房子，并一而再，再而三地提出房子的一大堆缺点，并强调自己有房子住，不急于买。凭我的推断，他是非常喜欢这套房子，如果不喜欢、不想买，不可能与我一谈就一下午，而且事先他还强调说很忙，想早点结束。可这一谈，他反而不急于走，而是急着跟我谈价格、谈佣金。我的直觉告诉我，成交时机来了，而且不能让步，让步了他会迅速跟进，最终我坚持住了。在快要下班时，他终于无可奈何，但兴奋地交了一万元定金。

受阴阳思想的影响，很多人做事情时不会直奔主题，总是要绕一个圈子，绕完圈子后再提出要解决的事情。有时，他们表面上表现出不想要，其实是想要，而且越是表达不想要，越想要；相反，表面上一直赞同，没有任何异议，往往是不想要、不赞同。受这种思想影响，人们从来不会轻易地说“是”或“不是”，就连问朋友：“你明天有没有空?”他都不会直接回答“有”或“没有”，而是会先问你一句：“有什么事?”然后根据你的回答来做相应的回答。

因此，在你的售楼工作中，一定要认真去听顾客说的话，多观察、多思考、多总结。前面已经说过，嘴巴可以说谎，但身体语言一般很难说谎。不要轻易相信顾客的“不错不错”，也不要轻易放过顾客的批评。往往喝彩的只是看客，挑剔的才是买家，顾客越是批评房屋的缺点，就越是表明他的购买决心。

此外，有一种情况值得注意，有时顾客还价是为了拒绝，因为中国人一般不喜欢说“不”，也不喜欢得罪别人。为了拒绝你的热情推销，顾客会还一个非常低的价格，让你知难而退，这时，你就不要执拗地认为顾客还价了就有戏，有需求。在这种情况下，再多的努力也是徒劳无功。

谈价篇

第47章 你必须掌握的成功售楼词汇

庆功宴上人们最喜欢听到的不是煎牛排的嗞嗞声，而是主持人喊到自己的名字；对于一屋子的企业家来说，最美妙的声音不是钞票摩擦的沙沙声，而是对手在商场上突然倒下发出的巨响；一位老顾客前来推荐新顾客，他们最想得到的不是你给他的好处，而是从你嘴里说出他的姓名。

在日常用语中，有些词语会让人兴奋，有些词语却让人产生负面的联想。因此，在跟顾客介绍楼盘以及谈判时，要尽量用让顾客兴奋的词语，避免使用可能让顾客产生负面联想的词语，一定要用到这些词语时，可以用一些正面的词语替代。比如，当你与顾客谈到银行按揭时，不可避免地要谈到“每月供楼款”，当顾客听到“每月供楼款”时，会联想到“每月都要付钱出去”，其潜意识里会产生一种抗拒，毕竟谁都不愿意“付出去”，如果我们把“每月供楼款”改成“每月投资”，因为付出的钱是不可以收回来的，而投资出去的钱是可以收回来的，当顾客听到“每月投资”时，就会兴奋起来。类似的词语还有很多，我们要注意收集及整理，并运用到实践中。

表 47-1　表的词汇

应避免的词汇	较好的替代词汇
合同	协议
拒绝的理由	疑问
你错了/不	实际上是……
每月供楼款	每月投资
提成/佣金	服务费
签名	同意、认可、批准
更便宜	更经济
问题	挑战

此外，美国知名业务训练师汤姆·诺曼总结出 24 个适合销售使用的词汇，以及 24 个不适合销售使用的词汇，希望你能熟练掌握。

表 47-2　适合销售使用和不适合销售使用的词汇

	适合销售使用的词汇	不适合销售使用的词汇
1	顾客的名字	应付
2	了解	花费
3	证实	付款
4	健康	契约
5	轻松	签字
6	保证	尝试
7	钱	困扰
8	安全	亏损
9	节省	丧失
10	新的	损害
11	喜爱	购买
12	发现	死亡
13	正确	低劣
14	结果	售出
15	真诚	出卖
16	价值	代价

续表

	适合销售使用的词汇	不适合销售使用的词汇
17	玩笑	决心
18	真理	费劲
19	安慰	困难
20	骄傲	义务
21	利益	责任
22	应得	失败
23	快乐	不利
24	重要	不履行

耶鲁大学研究人员对汤姆·诺曼的研究成果进行了补充，增加了5个适合销售使用的词汇，分别是你、担保、优点、明确、好处。此外，一个专业的售楼人员在与客户沟通时，还必须避免使用如下一些词语：

◇ 贬义词。如反对、批评、疑虑、烦恼、危险、遗憾、责备、欠缺、困难、讨厌、害怕、犹豫、扫兴、悲伤等。

◇ 否定词语。如不、没、非、无、不用、不必、不行、不可、不好、不许、不是、不见得、不值得等。

◇ 刺激性词语。如你别讲了，我插一句，你错了，我料到你是/会，根本不对等。

◇ 夸张不实的词语。如或许、大概、老实说吧、说不定、说不准、可能吧、恐怕、不好说等。

◇ 鼻音。嗯、哼等。

第48章 二手楼也可以低开高走

一手楼的开盘价格往往都是低开高走，发展商为了证明自己的楼盘在不断升值，会根据楼盘的方位、楼层等来控制每次推出的均价。楼盘素质当然是越推越好，这样，即使整栋楼或整个小区没有升价，也可以制造出均价不断上升的假象，让消费者持续追捧。二手楼一般是单套销售，可以推荐给顾客的房子一般是分散分布，不会集中在一栋楼或一个小区。当你针对某套房子向顾客报价后，顾客是一定要砍价的，那二手楼还能低开高走吗？需要采用什么策略呢？

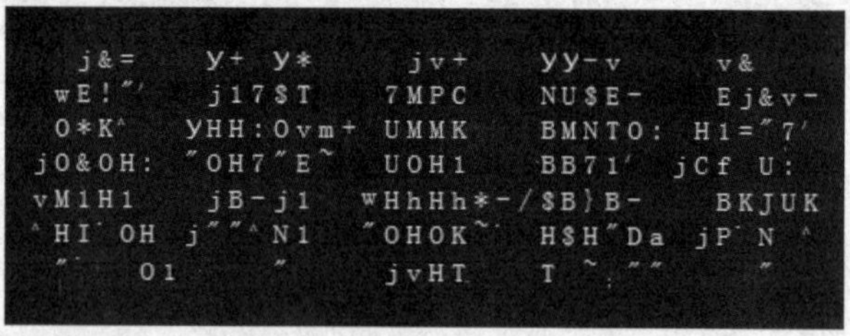

这里我们看一个有趣的测试：从上图中你看到了什么？或许你看到的是一堆乱码。现在我要你把书打开放好，往后退两米，再看这张图，你发现了什么呢？“我好喜欢你”五个字是不是一下子就映入你的眼帘？

我们的生活、工作都是这样，总是要求自己不断地前进，就算出了问题也是立刻换一条路继续前行，似乎都忘了后退一步，反而可以看出事情的全貌。当你陷入困境，苦苦找不到方法与出路之时，不妨后退几步，说不定一个新的局面就会呈现在你的面前。正所谓“山重水复疑无路，柳暗花明又一村”。

以售楼人员的晋升与降级制度来说，一般晋升与降级都是凭业绩说话，人难免会有业绩不好的时候，可一般人升上去了，特别是升到主管以上后，要降下来就接受不了，其实，有时后退一步也未必是坏事，你接受事实，更有利于看清楚自己为什么会降下来，再升上去的时候，你的成功概率就大很多。

这种以退为进的方法在二手楼谈价中也很奏效。以下这种局面在你的销售工作中，一定也碰到过。

有一次，我手下一位刚入行没多久的物业顾问带客人去看一套房子，业主因办妥了移民手续，急着要出让房屋，满屋子高档家具、电器一起转让，出价是58万元，底价是55万元，不过不包括家具、电器。按照当时行情，这套房子的市场价应在58万~60万元。这位新来的物业顾问带顾客看过五六套房子了，当顾客看到这套时，眼前一亮，非常喜欢，马上就问价钱是多少。这位新入行的物业顾问因急于成交，告诉他业主开价是58万元，底价是55万元，并跟他讲了相关行情，说明这套房子的确很笋。但顾客不但没有领情，反而说太贵了，最多50万元才考虑，并保证，如果业主50万元肯卖，立即过来签合同。这位物业顾问一想，一下子要便宜5万元，肯定不可能，于是想跟顾客直说，但为了让顾客有面子，只好说回去跟业主商量商量。但他一再强调这套房子值60万元，是刚收到的笋盘，要便宜10万元，怕业主不愿意，并告诉他要抓紧。

没想到，晚上通过电话沟通，业主答应了以50万元成交，并表示不可能再少了。第二天一大早，这位新入行的物业顾问就兴高采烈地来到公司，打电话叫那位顾客来下定。没想到，这位顾客得寸进尺，说昨天回去跟他太太商量了一下，觉得这套房子不值50万元，要求再少两万元，并表示少两万元立即过来签合同，给首期。这下把这位物业顾问急坏了，眼看到嘴的鸭子又飞了，因为业主根本不可能再退步了。

你是不是也遇到过这种情况，不是业主一再反价，就是买家一再反价，眼看到价了，却没办法成交。在这种情况下，双方都有购买或出售的意愿，但为了争取更大的利益，不断地反价，处理不好，就鸡飞蛋打。中介人员最后就成了“猪八戒照镜子”——里外不是人。遇到这种情况要如何处理呢？

这位新入行的物业顾问找到我，问我有什么办法？我要求他把情况仔细跟我说明，并叫他通知顾客下午过来再看一遍楼。我找了一套面积、间隔与这套差不多，只是地段差些的房子，把这位顾客带上去了。我告诉这位顾客，这套房子的间隔、面积与他想要的房子差不多，最关键的是48万元已经非常接近业主的底价，问他意下如何。话刚说完，这位顾客就说：“邓先生，有没有搞错，我要的是那套房子，不是这套啊！”言语中有点恼怒。这正中下怀，我想要的就是这句话。我装作一副好委屈的样子说：“唉！别提了，早上还帮你争取到50万元，这可比市场价便宜近10万元啊！可你不要，还说48万元，你看我们的物业顾问又帮你打电话给业主，好可怜啊，但是被骂了一个狗血喷头，业主当场就说不卖给我们了。刚刚我亲自打电话给业主，好歹凭我一张嘴说服业主同意由我们卖这套房子，不过，他说价格方面按原价，没得商量，而且今天上午放盘就放好几家，我刚打电话时，他还在接待别人看楼。”于是，我就建议这位顾客，算了吧，这套也差不多，那套要想48万元根本不可能，55万元其实比市场价还便宜5万元，等下看楼的一多，我怕业主还要升价。顾客本来就很喜欢那套房子，听我这么一说，他很后悔，但又无可奈何，赶紧问我：“55万元能不能少点？”我对他说：“55万元少应该没得少了，不过，原来业主55万元不包家具、电器的，我再帮你争取一下，看能不能包括那些高档家具、电器，你知道的，那些家具、电器都是高档货，少说也值两三万元”，并督促他下了一万元诚意金。就这样，原本让顾客压到48万元的房子，又让我拉回了55万元。

通常遇到这种情况要谨慎处理，要看顾客的购买欲望，如果欲望很强，可以找一套相似但素质差些，并且价格符合顾客还价的房子，利用心理战术击溃业主的心理防线，以获得销售成功。

第49章 谈价中，如何有效触摸对方底牌

在二手楼的买卖中，经纪人最头痛的有两件事：一是购楼客户不少，但总是找不到顾客想要的房子，似乎盘源总是不够用；二是顾客看上了某套房子，就是价格谈不拢，业主底价与顾客出价总是有差距。当然，这都是正常现象，有困难才说明经纪人有存在的价值，如果卖楼就像卖青菜，那么，“地产经纪”这个词就没有存在的意义了。

造成盘源不够用一般有两方面原因：一是盘源的确少；二是物业顾问没有找到顾客真正的需求，没有引导顾客发现自己的需求，这些内容在前面的章节已详细介绍过。价格谈不拢则是因为物业顾问对买卖双方的底价没有摸透，以致在谈判过程中错失良机。

在房屋价格谈判中，最有利的因素不是你有多好的口才和技巧，而是知道对方的底牌，也就是掌握双方的心理底价，《孙子兵法》中的“知己知彼，百战不殆”讲的就是这个道理。如果双方的心理底价重叠在一起，则可利用技巧迅速成交；如果双方的心理底价有一小段距离，则不能操之过急，要制造紧迫感等，做好成交前的铺垫工作，拉进双方的心理底价，使其重叠，再行成交；如果双方的心理底价相差太远，则不要留恋，迅速另辟战场。

有一次，我接待的一位顾客看上了一套房子，这位顾客对这套房子还了价，希望25万元成交，但业主的开价是28万元，市场价在26万元左

右，所以25万元也算一个不太离谱的还价，我收了买家的10000元诚意金后，找业主谈价。谁知业主一口咬定要28万元，并说不二价，要不签约，要不就不要谈。看着业主强硬的态度，我就问他："是不是有其他地产公司正在与您谈28万元呢?"他不做正面回答，只是说自己现在还有一套房子住，不缺钱花，卖不卖无所谓，卖不出去就出租算了。总之，就是咬定青山不放松，没有28万元就是不谈。

没办法，我找了公司另一家店铺的同事带了一位"顾客"上去看楼，并让"顾客"带了3000元现金，看完楼后，这位"顾客"询问价格，当即还价23万元，并拿出3000元现金说可以立即下定。但业主还是重复"不缺钱花"那一套说辞，不过，他看到这位"顾客"这么有诚意，语气好像不那么坚决了。于是，这位"顾客"马上问道："到底多少钱可以卖"，并声明自己已经看过很多楼了，像这种房子顶多也就24万元左右，如果可以的话，明天过来再谈。业主没有出声，推说自己做不了主。

我的同事一直用24万元跟他谈，而我则用25万元与他谈，最后，以25.5万元成交了。

这里有两个关键点：一是业主反复强调自己不缺钱花，其实真正不缺钱花是没有必要反复强调的，往往越是强调什么，弱点越突出，只不过想借言语来掩饰而已，这是我们要在与买卖双方谈判的过程中注意的；二是我用了一招"投石问路"，也就是派人去摸业主的底价，如果业主的底价在28万元，此"顾客"还价23万元，业主一定会被惹火，甚至下逐客令，在这种情况下基本可以判断业主的底价大概在28万元左右了，如果买家出价拉不上来，只能另辟战场；如果还价23万元，业主不是拒绝成交，而是想力挽颓势，则他的底价应在28万元以下，可以不停地试探其底价，直至成交。

如何有效试探顾客的心理底价呢？下面几种方法值得借鉴：

一、 直接询问法

可以直接询问对方的底价，在这种情况下，业主一般也会直接回答你，但未必是真的底价，你要用"为什么"这个词，问他为什么会这样认为呢？在问“为什么”时，你可以把当时的行情及最近的类似成交个案加进你的问话中，让顾客回答，根据顾客回答的内容及语气，你可以判断其底价大概是多少。你还可以问他：“假如我有个顾客出价比你的底价略低一点，并且可以收他的诚意金的话，可不可以打电话找你谈一下？”如果顾客的回答是肯定的话，那么他的底价还可以下调一点；相反，如果顾客的态度很坚决，那他的底价也就差不多了。当然，如果买家的期望价格与此相近，仍可以收取诚意金，通过制造一些紧迫感，打破业主的心理底价，同时，也可以拉高买家的出价。

二、 投石问路法

投石问路的方式多种多样，可以多打电话扰乱顾客对当前形势的判断，在更多的、更低的出价事实上，动摇其心理标准，从而达到探价目的。也可以请同事亲自上业主处投石问路，在有客人的情况下，业主容易被打动。如果仅凭一个电话，顾客感觉不到你的诚意，有“顾客”亲自还价，业主会感到实在，而不仅仅是中介打电话来压价。此外，“顾客”还价给业主，万一业主被惹火，中介还可以当和事佬，甚至可以指责所谓的“顾客”，站在业主一边说话，增加业主对中介的好感，为下一次谈判埋下伏笔。

使用投石问路的方法，要还一个比较低的价，而不能略低于市场价，低价还可以看到业主的诚意在哪里以及他对房屋脱手的急切程度。

此外，值得一提的是，中介是买卖双方的桥梁，其最主要的任务是协助买卖双方达成交易，不是要帮哪一方以最便宜的价格买到房子或者以最高的价格卖出房子。因此，在价格谈判时，一定要注意分寸，不要赶尽杀绝地去讨好哪一方，即使知道买卖双方的底价，也不要轻意向某一方亮出另一方的底价，要让双方都感觉到你在为他着想，争取到最后的成交价。你付出了很多努力，但你要把这个谈价功劳送回给双方，私下称赞他们的谈价能力，经常露出你的招牌式微笑，并笑着说：“你谈价真厉害！”

第50章 如何有效拨动谈判的音符，成功售出房屋

一宗房屋买卖的高潮总是在签购房合同之时。在一手楼买卖中，买方会为争取更多的折扣、优惠、增值服务、相关保障等与你展开谈判；在二手楼买卖中，买方会为价格压低、付款方式、收楼时间及相关条件，甚至是你收取的中介服务费、办证时间及其他服务保障等斤斤计较，同时，业主也会捍卫自己的价格以及收款方式、收款期限等。总之，越是到最后，这种谈判就越扣人心弦。

有效地收场要求售楼代表有好的谈判技巧，不论是价格、交易条件、付款方式，还是服务保障、服务内容等的谈判都要求售楼代表有知识和经验的积累。谈判之经验与策略就如同音符之于音乐，要掌握好音调，必须先学好音阶。要想掌握谈判技巧，必须先掌握谈判前及谈判中的注意事项。

（1）不管买家还价是高于业主底价，还是低于业主底价，不要立即接受，要表示有差距，需跟业主努力争取，并要求下一定的诚意金，以免事后买家反悔。

（2）对业主还价后，不管业主还价是高于买家出价，还是低于买家出价，不要立即接受，要表示有差距，需跟买家努力争取，如果可能，尽量要求业主签订承诺书，以免事后业主反悔。

（3）绝对不要跟自己妥协。一旦你开出的条件有一方不接受，不要再

开出其他条件，一定要询问当事方的意见，并根据与其约定再做调整。否则，对方可能会无休止地提出更多异议。

（4）不要跟没有决策权的卖方代表及买方代表谈判价格或其他相关条款，因为他们没有决策权，谈好的价格及条件还会被决策人推翻并提出更有利的条件，不但浪费时间，而且极易陷入僵局。

（5）如果买卖双方提出的条件你无法同意，那么就拒绝。任何乱承诺的事情都有可能造成不可收拾的后果。一宗能达成的买卖，并不表示一定要做，一定要考虑公司的风险，没有人会因为拒绝而下岗，也没有公司会因为拒绝而破产。

（6）谈判前要尽量了解买卖双方的情况，做到知己知彼，直觉是敌不过有效的情报分析的。

（7）售楼代表要多做些沙盘演练，找人扮演买卖双方进行练习，特别是新入行的售楼代表，更要勤加练习。

（8）一定要防范迟到的买家或业主。有时，业主或买家会表现得毫不在乎或迟到，这些都是他们的手段。他们这样做的目的就是要让你及另一方觉得他对这宗三方约无所谓，随时可能会提出一些更有利于他的条款。

（9）谈判时态度要好，如果你心情不好，可请你的主管协助谈判，否则，有可能会把事情搞砸。

（10）没有人会主动向你亮底牌，你必须自己去揣摩。注意：谈判时所说的理由往往不是真的理由，所以，根本不必去理会那些无谓的理由。

（11）别显露情绪，即使买卖双方条件都符合了，你也得保持冷静，不要表现出夸张的神情。

第51章 让人意想不到的坦白式谈价法

一次，我带一位中年女性顾客去看一套一楼的房子，这位顾客很快就喜欢上了这套房子。她非常心急地问这套房子多少钱？当我报出24万元的价格时，她有点失望，她跟我说，她只有21万元，这是她能拿出来的所有钱了。因为这套房子之前已经被两个顾客看上，与业主谈过价，业主的底价是23万元，且均在谈价中，我看她着急的样子，就把实情跟她说了，告诉她没有23万元业主是不会卖的。她反应很平淡，但看得出内心有点急，她问我可不可以让她跟业主谈谈？于是，我约了业主第二天复看。

第二天，这位顾客看楼时，对房屋也没有什么特别“检查”，倒是跟业主有一句没一句地聊上了，因为业主也是一位四十来岁的女性，两个人好像挺聊得来，后来她们完全不聊房子了。这位中年买家聊起了她目前的生活状况，说她的丈夫因工伤只能在轮椅上活动，自己在一家不太好的国企上班，说不准哪天就要下岗，说着说着，眼泪就掉下来了。她还提到家里有一个快七十岁的婆婆，现在住在顶楼，没电梯，加上在上中学的小孩，一个人要照顾三个人非常不容易。所以，计划卖了顶楼的那套房改房，再凑点钱买一套一楼的房子，好照顾丈夫和婆婆。前天刚在一家中介公司收了定金，现在急着要买房，好不容易找到一套，可自己那套房子才卖16万元，加上结婚以来存下来的5万元，一共才21万元，心里很着急。

两个人说着说着，好像成了多年未见的姐妹，在临走之时，业主竟奇迹般地同意以21万元卖给这位中年女性了。在签订合同时，在收款方式、时间以及提前交楼等方面业主均做出了非常大的让步。

好一个“坦白”，没想到这位中年女性顾客把自己的苦衷坦白之后，原来一直咬定“非 23 万元不卖”的业主，竟然会轻易地便宜 2 万元，并在其他方面做出了非常大的让步。

一般人都不愿意把自己的实情坦白出来，但有时，将一些值得同情的实情坦白出来会得到意想不到的效果，很多僵持不下的问题，可能一经坦白，就迎刃而解。也就是说，有时说实话也可以让对方让步。

当谈判双方立场对立时，双方都不会轻易地让对方了解自己的实情和弱点，谁都希望从对方身上多获得一些利益。你知道对方越多，获胜的机会就越大，很少有人把自己的实情主动告诉对方。但如果在双方僵持不下时，坦白说出自己的苦衷，不但是一种摊牌策略，也是扩大议价空间的好方法。

要更好地发挥坦白式谈价法的效果，首先，是买卖双方必须有共同的目的，最起码都有诚意进行交易；其次，双方能够承受的心理底价不会相差太远，例如，上述案例中，如果买家只能承受 18 万元，我想再怎么坦白可能也不会成交，业主可能会想，既然钱不够，就再去买套小点的房子；最后，坦白实情可以博取对方的同情心，但一些无关痛痒的事情，即使坦白，也不会赢得对方的同情，相反，等于告诉对方我的弱点，快来攻击我吧。此外，你要博取对方的同情，还得看对方是什么样的人，运用在女性谈判对象身上，效果会明显一些。

此外，绝对不要恶意欺骗顾客，也不能协助买家做毫无事实根据的坦白，中介人员的立场就是要保持中立，做到公平、公正。

有一次，我接到这样一个投诉。一位买家来公司投诉，我一进会客室，这位女性业主就指着我大叫：“这个人就是骗子，是他骗我的。”我很纳闷，我从来不认识她，怎么还说我骗了她。我笑着跟她解释，我不是你讲的那个骗子，并递上一张名片给她，她稍停了一下，她的先生就在我耳边轻轻跟我说：“对不起，她现在是更年期，脾气大点。”我并不介意，询问怎么回事。于是，她反复跟我讲述了她卖楼的过程。原来，有一位物业顾问带了一位客人去买她的一套房子。那位客人看上去很老实，一副可怜相。说她家里很穷，妻子下岗了，还有小孩刚上大学，各方面负担很重，要求价格方面便宜一些。富有同情心的女业主便宜了三万元将房子卖给这位买家。谁知，后来了解到这位买家竟然是一位专业“炒家”，专门炒楼的，更离谱的是，他竟然骗物业顾问说，自己买好了装饰材料，要求业主提前交楼给他，业主也答应了。

后来，业主回去交水电费，发现楼下的中介在卖她的那套房子，他就认为中介与投资客合伙骗她，非常生气，于是来公司投诉，并要求立即把所有楼款给她（当时还正在过户）。她反复地强调这件事，我和公司另外一位同事整整陪她一下午不能工作。了解情况后，我立即要求当事的物业顾问当天晚上就协调买家在支付时间上让步，并对当事物业顾问进行严厉处罚，才平息这场风波。

在运用坦白式谈价法时，要谨慎处理业主及买家的“坦白”，有时这种“坦白”仅仅是一种议价的筹码，要小心识别。无论如何，不要把“坦白”演变成一种欺骗手段。

第52章 谈判条件达成时，最容易犯的致命错误是什么

有一天，乌鸦找到了一片肉，叼着肉站在树枝上，心里很高兴。这时候，狐狸也在找吃的，它抬起头，看见乌鸦嘴里叼着肉，馋得直流口水。狐狸想了想就笑着对乌鸦说："您好，亲爱的乌鸦，您的孩子好吗?"乌鸦看了狐狸一眼，不作声。狐狸接着又说："亲爱的乌鸦，您的羽毛真漂亮，麻雀比起您来，可就差多了。您的嗓子真好，谁都爱听您唱歌，您唱几句吧!"乌鸦听了狐狸的话，得意极了，就唱起歌来。"哇……"它刚一张嘴，肉就掉下来了，树下的狐狸叼起肉就走了。

《狐狸和乌鸦》的故事相信大家都非常熟悉。但在日常生活、工作中你是不是也会犯同样的错误呢？很多人在取得成功，或即将取得成功的时候，禁不住别人的赞美，往往会得意忘形，过早地表露出你的情绪，导致形势发生逆转，最后可能出现不可收拾的局面。

有一次，我的一位下属带一位客人去看楼，顾客比较喜欢这套房子，询问价格。业主开价是45万元，没有报底价，因此，物业顾问就报了45万元。顾客还价43万元，并且在物业顾问的游说下，下了5000元诚意金。与业主一番电话沟通后，业主同意43万元卖出，于是物业顾问拿着一份空白的《承诺书》到业主家里，要求业主签订以43万元售出的《承诺书》，并表示这个价格与买家出价有点距离，要努力争取把买家出价拉上来。他

的话是对付了业主，但他的神情没有逃过业主的眼睛，业主马上就反应过来自己卖便宜了，但苦于已经签订了《承诺书》，只好同意。

第二天下午，这位物业顾问就约业主与买方来签《房地产买卖合同》，业主故意迟到了半个小时，并提出要一次性收齐所有房款才过户（这种要求不符合正常的交易程序），因为《承诺书》上虽然写明买家一次性付款，但没有详细约定什么时候支付多少钱（一般也不可能这么详细约定），业主就抓住这条不放，申明自己没有违反承诺，只要对方同意这个条款，他就立即签合同。因为，这个条款与正常交易程序不符，且有较大的隐患，买家当然不答应。最后，三方争执了半天不欢而散。

在房屋买卖过程中，不管双方在价格或其他条款上提出的条件是否达到你的预期，都要不露声色，保持冷静。在言语上要表示还有距离，要努力争取。比如，在一手楼销售时，买家要求的折扣可能在你的权限范围内，但你也不要立即答应，你要告诉他，那是经理的最高权限，立即去帮他申请，让他感觉到你在热心为他着想。在二手楼交易过程中也一样，买家还价，高过业主底价时，你仍要说还差一点，要帮他跟业主争取一下，让他感觉到你为了谈到这个价格非常不容易，最起码他在付中介服务费时会感觉物有所值，否则，也会继续压价，并觉得付给你的中介服务费不值得，甚至还跟你就中介服务费讨价还价。

此外，当买方还价在底价之上，你不动声色的同时，一定要把握机会，争取一方的承诺，否则，机会有可能稍纵即逝。因为买卖双方都会有比较心理，他们在心里做一项决策时，会询问亲戚朋友，越多的意见就越会动摇他们的决心。没有约束的决策，随时都可能发生变化，因此，还价高于底价之时，下一个关键动作就是如何有效地结束交易。

第53章

谈价中，与狼共舞的后果

影片《与狼共舞》是一部美国西部片，该片肯定了印第安人的纯朴、真挚和善良，提出了民族间应放弃斗争，和平共处，并用邓巴与苏族人的友善相处，展现了这种理想的自由与美好，奏起了友爱、平等、和平的旋律。这些艺术上的成功之处最终使影片在第63届奥斯卡评奖活动中一鸣惊人，荣获12项提名，令世界为之瞩目。

但在现实生活中好像特别难与“狼”共舞，人们总与“狼”站在敌对的立场上，“引狼入室”“狼子野心”“狼心狗肺”“鬼哭狼嚎”等成语无不体现出人们对“狼”的恐惧和痛恨。因此，在大多数人眼里，与其“与狼共舞”，不如“与狼共武”。

有一次，一位物业顾问带一位律师去看一套房子，在物业顾问与这位律师的交谈中，他发现这位律师非常喜欢这套房子，但在提到价格时，律师提出：“前几天，另一家中介带我去隔壁一栋楼看过一套差不多的房子，但那套房子算下来每平方米才4300元，怎么这套算下来要4800元，贵了这么多，太离谱了吧?”这位物业顾问听后，立即说道：“是的，那边那栋楼的价格是4300元/平方米，但那栋楼靠马路，吵一点，再说，装修也没这么好啊。”后来，由于这位律师在价格上还价太低，业主没办法接受，导致成交失败。

在我们与客户议价时，如果确认了一个连顾客/业主都不认同的条件，只会强化他们心中已经形成的形势判断，再要说服他们改变对形势的看法，将是非常困难的事情。很多时候，顾客可能只是为了杀价，随便说了一句未必是事实的话，而你却肯定他的话，他就会认为这是事实，你再想改变他的看法为时已晚。因此，当客户提出一个与目前局势相差较大的信息时，千万不要表示认同，否则，你将失去议价的主控权，再想扭转局势，大多数时候只能是徒劳。

因此，在客户不断提出与目前局势相差较大的条件时，专业的售楼代表一定要非常熟悉市场，必须立即判断是否真实，而不只出于奉承的需要，盲目地认同客户。同是上述案例，你可以这样回答："不会吧？这么便宜，会不会是好朋友或亲戚之间转让啊？我的同事上个月在那栋楼才卖出去一套啊，均价也要每平方米 4750 元，况且那栋楼比较靠马路，很吵的，很多业主就是因为没办法忍受 24 小时不停的汽车声，才放盘出来的。像你们做律师这行的，天天都要思考很多问题，要是太吵了，会打断你的思考的，我想一个安静的居住环境一定可以增进你的事业。"

在这种情况下，不管客户说的是否属实，因为与你目前推荐的房子的条件相差较远，你不能立即认同客户的看法。即使根据你的判断是事实，你也要把他提出的这个事实当成一个偶然事件。然后，再根据比较法原理，充分陈述你推荐的房子的利益与好处，为什么会有这么高的价格，即使与客户提出的这个偶然案例中的价格相比，你目前的报价仍是物有所值。

这种做法可以对客户的心理起到一种缓冲作用，不会让客户坚持自己对局势的判断，相反，他会循序渐进地接受你的观点，从而有利于售楼人员主控整个议价过程。

第54章

如何通过比较，让顾客成为赢家，快乐买房

如果你是一位买楼顾客，请问你会把40万元交给一位售楼代表，去买你知道不会超过30万元的房屋吗？会还是不会？

如果你是售楼代表，当你向顾客推销房子时，你相信他会出40万元买一套他认为只值30万元的房子吗？会还是不会？

如果你是一位买楼顾客，假设有一位售楼代表用了许多“最好”“最有效”和“最有力”向你推销房子，对你进行说服，在这种情况下，你会把40万元交给他，去买你知道不会超过30万元的房屋吗？会还是不会？

如果售楼代表利用苦肉计，利用你的善良、你的同情心，坚持要你帮他的忙，要你通过购买他推销的房子来帮助他维持生计，让他能够照顾家里的老人和孩子等，你会把40万元交给他，去买你知道不会超过30万元的房屋吗？会还是不会？

我敢说，你的答案一定都是“不会”。任何人都不会掏钱去购买高于心中底价的商品，更何况是涉及金额较大的房屋交易。只有你让顾客感觉到这套房子物有所值，成交价低于顾客心中的底价时，顾客才会做决策购买。当你推销房屋的价格等于或低于顾客心目中的价值时，你才会有顾客；否则，只要推销价格高于顾客心中的价值，所有的技巧、说服方法、压力、紧迫感都是没有用处的。

顾客的心里底价是由什么决定的呢？一般来说，顾客是通过“比较”来决定的。他们通常会询问不同的售楼代表，根据不同的回答来判断房子

的价值；也有可能是看了不同楼盘，根据所看楼盘报价来进行价值判断；还可能有熟悉的人刚刚买了楼或卖了楼，他们会根据这些个案来进行判断；等等。总之，他们心目中有了一定的参照物后，就会对你推销的房子进行价值判断。有时，顾客的参照物未必准确，专业的售楼代表必须学会引导顾客去比较。

顾客一般是根据他选用的参照物来与你议价。当顾客抱怨你推销的房子太贵，并举出一个反例时，通常会有两种情况：一是顾客心目中没有参照物，随便编造出一个案例，其目的只是想争取更大的议价空间；二是顾客选用了一个没有可比性的参照个案。

一个专业的售楼代表必须熟悉自己的产品，对于顾客举出的反例，能够根据自己掌握的市场知识立即判断出顾客是在编造案例，还是选错了参照个案？如果是前者，我们绝对不能"与狼共舞"，要通过恰当的言辞，扭转顾客对楼盘的认识，促使他们不断提高底价。

有一次看完楼后，我在楼盘现场就与顾客谈起了价格，顾客笑着说："45 万元，太贵了吧，昨天，我在这个小区的另外一栋楼看了套一模一样的房子，才 37 万元，这套房子可整整贵了 8 万元啊！"我一听就知道顾客在编造个案，目前的楼价绝对不可能这么低，他只是想争取更大议价空间而已。于是，我便笑着问他："那到底要多少钱您才买啊？"顾客答道："41 万元差不多。"我笑着又说："好！就卖给你了，而且还可以再找回 4 万元给你。"顾客惊讶地问道："怎么，底价真的才 37 万元吗？"我又笑着说："哦！你别误会，我是指对面面积小一点的那套，只要 37 万元，价格正好合适你啊。"顾客听后笑道："你真会开玩笑，我说这套，你说那套。"然后接着又问我："那到底要多少业主才会卖呢？"顾客的问话无形中已经否定了自己编造的个案，并在心中加了价。之后，我举了一个近期在该小区成交的个案，让他知道业主为什么只有小幅让价。

在处理这种情况时，一定要注意言辞表达不要强硬，要以半开玩笑的口吻与顾客交谈，语气非常重要，表达上尽量婉转些，让顾客感觉到你不赞成的只是他的价格，不是否定他个人。

顾客选错了参照个案时，也不要指责顾客，要灌输给顾客“一分钱一分货”的观念，不断陈述你推荐的楼盘的利益及好处是他所选参照个案不能提供的。有时，恰当地运用类比也会有意想不到的功效。

有一次，一位顾客看上了一套一手房，但觉得发展商提供的800元/平方米的装修标准太贵了，强调自己不需要这么贵的装修，只要每平方米两三百元的装修就行了。但发展商执行的是统一交楼标准，没有其他选择。这个顾客总是用预想的一般装修与这个精装修比较，当然没办法比较，因此，他为了这个高价的精装修摇摆不定。

当这位顾客再次光顾看楼时，我的一位销售主管接待了他，当他再次强调装修太贵时，销售主管问道：“太贵了，你是说价格还是代价呢?”这位顾客一愣，不解地问道：“什么意思呢？买楼的价格和买楼的代价有什么不同吗?”销售主管接着说道：“几年前，我有套房子要装修，但是我对装修一窍不通，只是想把钱花在刀刃上，于是，就选用了最便宜的木地板。没想到，两年不到，有些木地板竟然翘了起来，我不得不重新花大价钱买了质量好，而且贵很多的木地板铺上。重新花的钱不说了，光是把原来铺的木地板搞掉就多花了不少钱。我想说的是，价格是一次决定的，而代价是只要你拥有这套房子后，就会不断增加的。一次性到位，不是比之后代价不断增加要更好吗？我们这个装修表面上看起来是贵了点，但少说用上十几年肯定是没问题的，平均起来其实是非常便宜的。如果你选用两三百的装修，看起来是便宜，但加上之后的代价，也并不便宜，而且重新装修非常麻烦。”这位顾客听完，再也不提装修太贵的事了，没多久，就决定购买。

第55章 让顾客越谈越高兴的放价原则

售楼代表在房屋推销过程中表现出直率的性格到底好不好？

有一次，一位售楼代表与一位已看过三次楼的顾客谈价，业务员开价24万元，顾客还价20万元，业主底价是23万元。这位售楼代表一见顾客还价在业主底价之下就急了，大声对顾客说："说实话，业主的底价是23万元，20万元是不可能成交的，你看23万元买不买？"这位顾客咬定21万元，高过这个价不买，结果当然是徒劳。

这位售楼代表在还价过程中到底有没有做错什么呢？

还有一次，另外一位售楼代表与一位已看楼多次的顾客谈价，售楼代表开价45万元（业主底价43.5万元），顾客还价42万元，这位售楼代表非常坚定地告诉顾客，说业主的底价是45万元，42万元是不可能买到这套房子的。后来经过几轮谈价后，顾客加了两次价，一次同意加价1万元，另一次同意加价5000元，即43.5万元可以成交。这时，售楼代表看顾客的还价已经到了业主的底价，就跟顾客说："43.5万元虽然离业主底价有一点点差距，但已经比较接近了，这样，你先下一点诚意金吧，给我几天时间，我去跟业主谈谈，如果几天后谈不到43.5万元，诚意金我分文不少全部退回给你。"这位顾客听到要交钱，就有点打退堂鼓，赶忙说："这事我得回去跟丈夫商量商量，明天回你电话定吧。”

这位售楼代表在还价过程中有没有做错什么呢？

不管是一手楼销售，还是二手楼销售，在与顾客谈判中放价（一手楼常见是放折扣）是一门艺术，需要掌握火候，在恰当的时候对恰当的人放价才会起到作用，否则，多半会表错情，错失良机。

掌握售楼过程中的放价技巧，要明白放价的目的是什么？一般来讲，如果在不能成交的情况下放价，一方面不会有任何结果产生，另一方面还泄露了自己的底价。因此，只有在可能成交的情况下才谈得上放价。放价的目的可以从以下两个方面来概括：

一、结束游戏或者启动二度谈价

例如，业主底价是45万元，你开价47万元，顾客还价35万元，凭我多年的地产销售经验，对于一套45万元的房子来说，35万元和47万元之间差距太大，要拉拢双方成交的可能性非常小。这时，你的放价就只能是零，告诉顾客这已经是实价了。这样回答的好处有几点：一是让对方心里明白差距太大，没办法谈下去，没必要浪费大家的时间；二是如果顾客想谈下去，必须以我的报价来还价，而不是我根据他的还价再进行还价；三是生意不成，也就没有必要泄露房屋底价。

二、结束房屋交易

结束房屋交易是售楼谈价过程中放价的主要目的，也是我们在售楼中要时刻掌握的一个原则。不能成交的谈价，坚决不放价，如果放价是以成交为目的的，则一定要找对人放价。很多人喜欢砍价，却没有决策权，一谈到要他下诚意金，这种人多半要回去考虑考虑，回去之后，与决策人一商量，决策人是一定要再次砍价的。因此，你对一个没有决策权的人过早地泄露底价，多半会在后半程受阻。就像上述第二位售楼代表犯的错误一样，在谈价之前没有搞清楚对方能不能做主，到了关键时刻，只能无奈地“纵虎归山”。

因此，放价一定要掌握“可成交”这个原则，对于不能成交的谈价，最好是“以不动制万动”，哪怕是变成“逐客令”都好，不要轻易地陷入对方还价后设定的游戏规则中，一定要主控谈价过程，以自己开价设定的游戏规则玩下去。

此外，在售楼放价过程中，还必须注意如下一些事项：

一、 放价不能过快

大多数人对太快得到或太容易得到的东西，总是持怀疑态度，就像本章中第一位售楼代表一样，一下子把底价透露给顾客，顾客肯定不相信，并坚持压价，以至于无法成交。这里，我并不是讲直率的个性不好，但要看用在什么时候，对什么人。人性本就多疑，在放价时，你的直率往往只能让你陷入困境。

在谈价时，一般要求“喊价要高，让价要慢”，当然，高是有限度的，如果太高，会让顾客认为你没有诚意，甚至毁掉整个交易。

二、 要进行技术性坚持

一般来说，买家喜欢试探价格，如果一经还价，就得到首肯的话，他一定会怀疑还有议价空间，觉得自己出价太高了。为了避免让顾客产生这种心理，在顾客还价后，一定要进行技术性坚持，不管顾客还价是在业主底价之上，还是之下，第一个反应应该是“太低了，猜想业主不会接受这么低的价格”。

对于顾客的还价，一定要有一个短暂、适度的坚持，这样做的目的主要有两方面：一是让顾客不要轻易杀价，二是借机判断顾客是否有诚意以及是否是决策人。很多时候，还不清楚对方是否是决策人，就开始放价，到头来是“竹篮打水一场空”。

因此，在顾客还价后，就要适度坚持，通过交谈测试顾客诚意度是否够，是否可以做主，是否可以先交些诚意金，在获得充分信息后，再进行价格谈判，这样更有利于掌控谈判进程。

三、 不要“纵虎归山”

在售楼工作中，顾客口头上答应以什么价格成交，事后又反悔的事件实在太多。这种没有落实到纸面的承诺，往往经不起考验。因此，在谈价过程中，放价一开始就要灌输“诚意金”这个概念，并在恰当时候收取，切不可放完价了，还是两手空空。

第56章 科学把控售楼成交边际效用的两大原则

经济学上有这样一个名词——边际效用，也被称为边际贡献，是指消费者在逐次增加一个单位消费品的时候，带来的单位效用是逐渐递减的。不同的人处于不同的状况，所产生的边际效用也会有所不同。在房地产销售过程中，顾客对房屋的喜爱也是一样的，随着你陈述的好处与利益的增加，顾客的喜爱程度在不断递减。因此，同一套房子如果让两个不同的买家来竞买，由于竞争者对房子的喜爱程度不同，他们愿意出的购买价也会有所差异，这并不是因为两个人的财力不同，而是因为他们两人对该房子的喜爱程度不同。

在售楼过程中如何利用顾客的喜爱边际效用呢？

一、 不要过早开价

如果你去逛商场，看见一套非常漂亮的衣服，你走过去，售货员就在旁边观察你。你突然问道："这套衣服多少钱？"售货员答道："5000元，要不要试下？"可能以你目前的经济实力，你会觉得太贵了，连试的欲望都没有了，它到底合不合你的身，你穿上去是否漂亮或帅气，无法知道，你可能会有种太贵了，不值得的感觉。

如果售货员一开始就让你试穿，让你在镜子面前欣赏自己穿上这套衣服后的"迷人"或"光辉"形象，并不停地指出这套衣服是怎样合你的身等，这时，你再听到这套衣服价值5000元时，虽然你买不起，你会觉得这件衣服真的很好，怪不得这么贵。当你有能力时，你可能会购买，或向朋友推荐。

这就是为什么不要过早开价的原因。顾客在准备购买房屋以前，一般都是经过较长时间的准备的，其购买力有一定的弹性，如果你还没有完全让他清楚你所推荐的房屋所能带来的利益和好处，就轻率地告诉他价格，可能也会像卖衣服那样，让他感觉太贵了，不值得，让他对你推荐的房屋产生抵触情绪。你再向他陈述这套房子能给他带来的利益和好处时，他可能已经没有心情听下去，自然也就体会不到这套房子为什么这么贵，贵的好处是什么了。

二、 把握顾客喜爱临界点

在购房过程中，如果出现了较多的购买竞争对手，或者有紧迫感时，最容易提升顾客对该套房子的喜爱程度，这时，在他的心理承受范围内会迅速拉升成交价格。一旦竞争对手或紧迫感消失，这种喜爱程度又会迅速降低。因此，专业的售楼代表一定要把握住顾客的喜爱临界点。当顾客还价等于或高于业主底价时，一定要抓住顾客，不要给他太多的时间考虑，否则，夜长梦多。

有一次，一位物业顾问同一位顾客谈价，物业顾问开价36万元，业主底价是33万元，业主第一次还价32万元，第二次还价33万元，刚好到价。这时，物业顾问忘记要买家承诺，还一个劲地说33万元，这么便宜怎么可能呢，坚持说业主底价是36万元。结果，这位顾客说，既然差这么多，我回去考虑两天再说吧，说完就离开了现场。结果两天里没有任何音讯。这下把这位物业顾问急坏了，主动打电话告诉买家，说业主同意33万元出售，可这时，这位买家的喜爱程度已明显下降，提出最多只愿意付31万元成交，一宗眼看到手的买卖就这样砸了。

因此，买家的喜爱程度一旦和购买条件匹配，要立即采取相应措施，达成交易，切不可拖延，买家喜爱程度一旦下降，则会浪费所有努力。

成交篇

第57章 如何强效捕捉买楼成交信号

在《梁山伯与祝英台》的“十八相送”情节中，祝英台一而再地向梁山伯发出“成交信号”，祝英台站在水井旁边对梁山伯说：“水井里面不是有一个女的吗?”梁山伯傻乎乎地说：“不是两个男的吗?”由于他识别不出“成交信号”，错失良机，酿成千古悲剧。

任何买卖活动都是这样，销售人员要善于捕捉顾客发出的成交信号，不然，会损失很多订单，房地产销售也不例外。捕捉成交信号在房地产销售中起到关键作用?

二战时期，高射炮手们在打击敌机的过程中，通常是高射炮和重机关枪两者兼用的。如果抓不准飞机的速度、高度及风速，炮手们只好用机关枪扫射，直到耗尽弹药为止，但这样的命中率通常有限。

一个没办法分辨出成交信号的售楼人员也是这样，不是过早地进入成交阶段，吓跑顾客，就是太迟提出成交请求，错失良机，还有些则不断地尝试成交行动，但由于时机把握不对，成交的可能性比较低。现代的高射炮手则完全不一样，因为他们的炮弹上都装有红外线探测系统，导弹射出后，可以感应出飞机喷射的热能，并追踪这些飞机散发的热能，不管飞机如何翻滚、爬升，导弹都会紧跟不舍，直到击中目标。专业的售楼人员就要像导弹一样，有效辨别出顾客的成交信号，然后紧紧抓住时机不放，促成交易。

成交信号就是顾客想成交时，从语言、行为或表情上表现出的迹象。比如，当你向一位顾客推销贵重项链时，顾客打电话问他的朋友之前是多少钱买的，他的问话就是一个语言成交信号；又如，你向一个顾客推销食品，顾客不停地咽口水，这就是一个行为成交信号；再如，你向一位顾客推销一套漂亮的衣服，他试穿时非常高兴，整张脸笑得像朵花，他的"笑"就是一个表情成交信号。有时，成交信号也会由几种组合在一起。

读懂成交信号的能力不是天生的。在现实生活中，的确有很多人具有一些天赋，如绘画、音乐、跳舞等，但这只是极少一部分人而已，绝大多数人需要通过学习、锻炼获得这种能力。正如没有一位医生、律师、会计师或政治家是天生的一样，读懂成交信号也绝对不可能是与生俱来的本领，而是一种后天培养的技能。

一个专业的售楼代表应该如何培养自己辨别买楼成交信号的能力呢？

在语言成交信号方面，顾客通常通过反语、疑问等语句，以话外话的方式来表达自己内心的真实想法。如：

◇ 顾客把售楼代表说过的话重复一遍，有时会是好几遍；

◇ 顾客询问付款方式，并重复；

◇ 顾客用其他楼盘与你的楼盘进行比较；

◇ 顾客询问交楼时间，并一再确认是否可以按时交楼；

◇ 顾客把你的楼盘（服务）与竞争楼盘（竞争对手）做各种具体的比较；

◇ 顾客询问市场上对你所卖的楼盘的某种非正面报道或消费者的感想；

◇ 向你详细询问物业管理方面的细节；

◇ 问你是否可以将该套房子保留几天，让他考虑考虑再做决定；

◇ 顾客主动向你要卡片，并问什么时候打电话给你方便。

通常人们使用"CHEF"方法辨别行为成交信号，C 表示脸颊

（cheek）或下巴（chin），当置业者开始用手摸脸颊、下巴，或者用手托住下巴时，表明他对楼盘已经很感兴趣，是一种满足或者喜悦的信号，你可以尝试发出轻微的成交邀请信号；H 代表手（hand），当置业者两手轻轻地揉搓着或者一只手放在另一只手上时，也表示顾客对楼盘有了兴趣；E 代表眼睛（eye），一个人的眼睛睁得越大，表明他听得越多，购买的可能性越大；F 代表友善（friendly），当置业者突然变得友善起来，或把脚交叉，同时背往后靠，或突然安静下来，或点上一根烟深思时，这些都表示他喜欢上了这个楼盘。此外，还有一些其他行为成交信号，如：

◇ 在你与顾客交谈时，顾客前倾，更靠近你；
◇ 顾客反复查看你给他计算的楼价表和楼书等；
◇ 当顾客在不停摆弄手中的东西时，突然停止摆弄；
◇ 当顾客坐沙发时，整个人躺在沙发上，舒展身体；
◇ 要求再看一次样板房，并仔细观察细节；
◇ 要求再看一次楼（复看，通常指二手楼买卖）。

在表情成交信号方面，主要是一些表情变化，如：

◇ 紧锁的双眉分开、上扬；
◇ 眼睛转动加快，好像在思考什么，一副深思的样子；
◇ 神情活跃起来；
◇ 顾客的表情认真、严肃，视线集中在楼价计价单或楼书上面，久久不移开。

第 58 章
如何推销铁路旁的待售房屋

当我们遇到房屋有明显缺陷的时候，如房屋位于铁路旁边、马路旁边等，应该如何去推销这些房子呢？

先看一下被称为“国际销售界的传奇冠军”，房地产业务员单年销售量吉尼斯世界纪录保持者汤姆·霍普金斯是如何推销铁路旁边的房子的。

当我（“我”是指汤姆·霍普金斯，本章下同，本案例引自其著作）在 20 世纪 60 年代中期拜访 JBR 地产开发公司的老板时，我已经有很长一段时间没有接触过房地产了，但这次拜访确实令我难以忘怀，这家公司当时刚刚在洛杉矶西北的 Simi Vally 开发了一片住宅区。这片拥有 250 幢房屋的住宅区，其售价为 17950～19950 美元。几年后，只剩下 18 幢位于罗斯利路边的房子没有售出，距离这批房子不远处有一道围墙，围墙之外便是铁路，一天 24 小时之内会有 3 趟火车经过。

开发商拒绝了我过去向他提出的担任此批房屋经纪人的要求，尽管我用一封封信向他“轰炸”，却徒劳无功。“我没有兴趣与一名房屋经纪人合作出售这批房屋。”他一再如此强调。当数月后我再次经过他在比弗利山庄的办公室时，他居然同意和我谈谈，由于这 18 幢房子无人问津，他很显然有点焦虑不安了。

他一开始就对我抱怨说：“你一定要我削价处理这批房子，这便是你们这些房屋经纪人最常做的事。”

“不，相反的，我建议你抬高售价，更重要的一点是，你会在这一个月内将整批房子卖出去。”我赶忙说道。

“它们已经在那儿躺了两年半了，现在你告诉我你会在一个月内将它们卖出去?”他不相信地对我说道。

“请允许我对你详加解释我会怎样做。”我接着说道。“就像你所知道的那样，先生，每当一名房屋经纪开放一间待售房屋时，人们便可在任何时间前往参观，可是我们将不会这样做，我们将一批一批地展示这些房子，就在火车驶过的那个时候展示。”

“你疯了不成?”他大声吼叫，“我们起初之所以无法卖出这些房子，就是这该死的火车在作祟!”

“让我说完，我们准时在每天早上10点至下午3点开放房屋让人参观，这样势必引起人们的好奇心。我建议在展示的房屋前面挂上一个牌子，在牌子上面写‘此栋房屋拥有非凡之处，敬请参观’的字样。”我接着又说：“你将每户的价格抬高250美元，然后用这笔钱为每户购置一台彩电。”在那个时候，有一台彩色电视机是一件十分了不得的事，绝大多数家庭都还是黑白电视机。真是令人无法置信，发展商居然同意了我的计划，购买了18台彩色电视机。

在每次“参观”开始后的5~7分钟，火车会从罗斯利路旁边“隆隆”驶过。这样，在火车来到前，我只有几分钟对买家们进行推销。

“欢迎！请进!”我在门口招呼买家进来，“我要求各位在这个特别的时刻进来参观，是因为我们罗斯利路上每一栋房子都有着独一无二的特点。首先，我们听听看，然后你们告诉我听到了什么?”

“我只听到了冷气的声音。”总有人这么说。

很自然地，我的问题也引发了听众相当好奇的表情。如果表情会说话，那一定是在说：“这里会有什么？这个人到底要做什么?”

“没错。”我回答，“但是如果我不提出来，你们也许不会注意到这个噪音，因为我们早已习惯了冷气机的噪音了。然而，我很确定当你们第一次听到它时，这个声音一定会引起你们注意，你会发现，一旦习惯了噪音之后，它们就不会对我们造成困扰了。”

我接着带他们到客厅，指着电视机并打开，将它调到正常的音量后说："想象一下你和家人在这里看电视。"接着我等待火车驶过来，在火车驶过的 90 秒里，这座房子摇晃着，每个人都很清晰地听到了火车的声音。

"各位，我要让你们知道，火车一天经过三次，每次 90 秒，也就是一天里只有不到五分钟有火车经过，我请各位问问自己是否愿意忍受这点小噪音——当然会习惯的噪音，来换得住在这栋美丽的房子中，并且拥有一台全新的彩色电视机?"

就这样，3 周之后，18 幢房子全部售出。

如果买家很明显知道房子的缺陷，就同案例中的附近有条铁路一样，或者我们平时遇到比较多的是房子就在马路旁边，这时，如果售楼人员避重就轻，不提这个缺陷，显然买家是不会满意的。买家们会想，怪不得业主要把这套房子放出来，原来这里有条铁路（或有条大马路），肯定是业主忍受不了这里的噪音。

因此，遇到这种情况时，一定要先提这个缺陷，先让买家在心里做点准备，待介绍时，买家会更容易接受一些。此外，你可以跟业主商量，让业主装上"换气窗"，现在市面上有隔音的"换气窗"，不但隔音效果好，更关键的是可以不用开窗进行室内外空气互换。这样一来，买家参观时，原本在心里认为很吵的房子，好像突然变得非常安静。当然，业主没有装时，你也可以用语言跟买家描绘这种"换气窗"的功效，让买家憧憬装上"换气窗"后的效果。这样，他就容易接受房屋临马路等缺陷了。

第59章

原来这样闭嘴，就可以卖出房子

有一次，记者采访爱因斯坦，问他成功的奥秘是什么？爱因斯坦告诉记者：“成功 = X + Y + Z，其中，X 代表工作，Y 代表开心，Z 代表闭嘴。”由此看来，沉默是通往成功的关键，从人际沟通或谈判等现实情况来看，也的确如此。

有一次，我跟同事一起与一位姓张的律师签订《认购承诺书》。一上来，我就开始解释这份《认购承诺书》的意义及条款，不到两分钟的时间，我发现这位张律师一直低着头看《认购承诺书》，根本没兴趣听我讲。于是，我就停下来让他看。接下来就是可怕的沉默，足足十分钟，大家都不说话，我的同事难以忍受这种寂静，生怕冷场，正准备打圆场，我赶忙在桌子底下用脚踢他，示意他闭嘴。过了一会儿，这位张律师开口了，他一讲就讲了二十分钟，从条款谈到打官司。

等他讲完后，我就说：“张律师，你刚刚谈的对我非常有帮助，告诉你一个事实，你对协议条款比大多数人都更有思考力，是这方面的权威。但是，为了确保交易的公平，既要保证你的利益，也要让我们的劳动有所保障，你认为这些条款如何呢?”他沉思了数秒钟，接着仅在承诺时间方面要求让步，就同意了这份《认购承诺书》。

一般来说，在与顾客的沟通过程中，不少售楼代表的头脑里总有许多事要对顾客讲，却忽视了顾客的想法，如果刚开始顾客对你的话题就不感兴趣，交谈可能没办法继续下去。有些售楼代表总是自以为聪明，喜欢在顾客没说完前就打断顾客说话，他们往往急不可耐，不等顾客说完，就开始品头论足，妄发议论，还没有搞清楚顾客的意思，就想纠正别人，这是一种很招人讨厌的行为，常常令顾客恼火，恨不得揍他一顿。其实，耳朵在交谈中的作用比嘴巴大得多，沉默往往是一种美德。要想沟通成功，其捷径就是把你的耳朵借给别人，而不是把嘴巴借给别人。切记：雄辩中有智慧，沉默中更有艺术 。

不少售楼代表脑子里存有这样一种错误的想法，认为沉默意味着缺陷。其实，恰当时间的沉默不仅是被允许的，而且是受客户欢迎的。恰当时间的沉默有时往往令顾客感到放松，不至于总是被售楼代表催促而做出草率的决策。同时，对于售楼代表来说，客户的沉默总比客户告诉你“你稍等一下，我想考虑一下”要好得多。

如果你非要率先打破沉默的话，也不要用陈述的言语来打破沉默，而应改用提问的方法来打破僵局。

有一次，我带一位顾客去看楼，这位顾客比较内向，不爱说话，沟通的模式总是我问一句，他答一句，整个沟通有点像审查，非常不自然。更糟糕的是，他的回答很简单，每句话不会超过十个字，令我不知说什么好，经常无话可说，只好沉默相对，场面有点尴尬。后来，在问答中我了解到，这位顾客是做建材生意的企业家。于是，我就问他：“建材这行竞争好激烈，听说进入这个行业是非常困难的，而且很考验一个人的胆识和魄力，你当时是怎么想到要做这个行业的?”这一问话，可打开了他的话匣子，于是，他足足讲了一个多小时他的创业史，从当初如何艰难，到后来管理上又如何遇到瓶颈等，谈得眉飞色舞，完全换了个人。

其实，每一个创业者、成功人士背后都有辛酸的故事，每个人都有把这些故事告知别人的渴望。因此，在与这些人进行沟通时，最有效，也是最好的打破沉默的方法就是这句“你当时是如何想做这个行业的”。

第60章 如何进入顾客乐意买楼的三大频道

心理学家研究表明，一个人的亲和力的提升是有一定的规律可循的。人们总是喜欢那些和自己类似的人，喜欢那些和自己衣着及仪表相似的人，喜欢那些和自己兴趣、价值观、意见、情绪类似的人。即使人们没有意识到这种状况，人们仍会喜欢那些和自己的肢体语言相似的人，并且配合这种人的行动。因此，利用一些技巧后，我们并不需要经过一两个月或更长时间来提升亲和力，可以在5分钟、10分钟内迅速提升亲和力。

从心理研究成果来看，以下几种通过模仿来提升亲和力的方法可以取得令人意想不到的效果。

一、 情绪同步

情绪同步是指你要设身处地地进入顾客的内心世界，从顾客的观点、立场来看事情、听事情，或者体会事情。许多售楼代表都知道，每天面对客户时要保持旺盛的精力、充满自信、笑容满面。但是不是对待所有的客人都可以这样的方式体现亲和力呢?

有时，你碰到的客户未必是常常笑容满面的，相反，有些可能很严肃、循规蹈矩、不苟言笑，若要在他们面前体现亲和力，进入其买楼频道，你就必须表现得严肃一点，千万不可与他开无谓的玩笑；有时，你也会碰到一些比较随和、爱开玩笑的客人，则要表现出类似的特质，较容易与他亲近。

有一次，一位下属同业主、买家一起签订三方约，价格、交楼时间等条件都谈妥了，但有一个问题没有解决，就这个问题大家一谈就谈了半天，从早上九点谈到中午十二点半还是没任何进展。下属就请我出来帮忙，经过了解，原来买家非常喜欢这套房子，比较了一个多月，终于下定决心购买。签合同时，他特意带上了妻子和刚从外地赶来的父母，一行四人。业主是承建商的代理人，该房子是发展商抵债给承建商的。我们查册了房产证及相关资料，均没有任何问题。买卖双方对于价格、交楼时间也一致同意，但在付款方式上却出现了分歧。买家的父亲要求把《房产证》全部过户到他儿子名下后，再开始付款（这种付款方式对业主不公平，也不符合正常交易手续，可能没有业主可以接受这种方式）。任凭我的下属怎么跟他解释，他就是坚持，并且说他的老乡刚刚买了一套房，就是这样办手续的。

我递完卡片后，简单了解了一下情况，赶忙跟买家的父亲解释为什么不可以这样，交易程序是怎样的，我们要保证公平交易。没想到，买家的父亲越听越激动，竟然用手拍桌子说："不行！我老乡就是这样买楼的。"在解说的过程中，我发现原来签合同的是这位买家，而不是他的父亲，他父亲今天只不过来看看而已，而且买家其实是明白交易程序的，只是他父亲坚持在一旁讲条件，他不好驳老人家面子。所以，看到买家的父亲拍桌子，我也跟着拍了一下桌子，朝他父亲说："不卖了，哪有这样卖楼的。"买家的父亲看到我拍桌子，可能没想到中介服务人员也会发火，也会拍桌子，退后两步，不吭声了。这时，我马上向这位买家道歉："不好意思！我刚才脾气没控制住，大了点，这样好了，我等会请你们吃饭，算给你们道歉。"然后，再跟买家谈购楼程序，没聊几句，他就把合同给签了。

这里我提醒一下各位读者，当然，你不能每一次都学我，如果你没有充分把握住对方的情绪，这一招可能比较危险，而且，一定要有后半拍的道歉工作，以稳定顾客的情绪。

二、 语调和语速的同步（表象系统原理）

人类是通过视觉、听觉、嗅觉、触觉、味觉五种感官系统来接收外界信息的，人的沟通主要通过视觉、听觉、触觉三种渠道完成。由于受到环境、背景及先天条件的影响，每一个人都会特别偏重于用一种感官来接收处理信息。其中，倾向于视觉的人，我们称之为视觉型，特别偏好以眼睛来感知周边世界，以视觉形象、图表的方式来记忆及思考，说话较快，常带有手势；倾向于听觉的人，我们称之为听觉型，喜欢用耳朵来感知周边世界，同时在行为或表达上喜欢使用明确的文字或信息；倾向于触觉的人，我们称之为触觉型，他们依靠经验或感受来接收或传达信息，说话较慢，经常说“我觉得”。

在与顾客沟通时，要体现亲和力，一定要与顾客的语速保持一致，同时，所用的词汇类型要尽量趋同于顾客的表象系统需要。

三、 生理状态同步（镜面映像法则）

肢体语言是人类沟通时传递信息的一种重要形式，有效地模仿顾客的肢体语言，也会体现你的亲和力。从镜面映像法则来说，顾客看见你时，就像看见他自己一样，因此，当你模仿顾客的肢体动作、表情时，他就会迅速接受你。

此外，在模仿时，要避免双手抱胸（表示抗拒）与顾客谈话，也不要背靠椅子（这样不容易让顾客下决心购买），以及做出其他一些传递负面情绪的姿势，即使顾客有，也不能模仿。

第61章 如何利用电话提高售楼成交率

作为一名售楼人员，电话是我们联系客户的重要工具，一般的售楼人员认为打电话是一件很简单的事情，从未想过要学习其中的技巧。可要是仔细计算一下，假设一名售楼人员平均每天打20次电话，一年就要打约7300次电话，10年打电话的次数约7.3万次，30年约22万次。如果一件事情一辈子要重复做22万次，难道我们没有必要研究一下其中的技巧，进行改善与提高吗？

我们为什么要使用电话呢？使用电话的目的到底是什么呢？一般在什么时候使用电话呢？如何打好电话找对人？如何利用电话接近与对方的距离？如何利用电话有效的聆听？如何利用电话进行有效的沟通、说服？在打电话时要使用什么技巧呢？

一般来说，使用电话的好处是非常明显的，首先，可以节省时间、精力，有了电话，我们不再需要见着客户的面再沟通，由于电话的存在，拉近了我们与顾客之间的物理距离，这比任何一个时代都更有效率；其次，打电话还是一种非常好的联络感情的手段，由于效率的提高，我们可以在任何有必要的时候与客户保持联络，比如，在节假日、生日等具有特殊意义的日子，我们可以给予客户问候，增进感情；再次，当难以接近顾客时，用电话可以帮忙达成目的；此外，有些不方便现场交流的，可在电话里说。

“对不起，我很忙”“谢谢！我们考虑考虑，再给你电话”“不好意思，我们的房子不卖了”。也许你在与顾客打电话时经常会遇到诸如此类的委婉拒绝。面对这些问题的时候，首先要思考两个问题：一是我们打这次电话的目的是什么，达到没有？二是顾客对我是否建立起了足够的信任。一般来说，每个时间点打出去的电话目的都会不一样，我们在打电话的过程中一定要把握住沟通目的，围绕沟通目的展开交谈，寒暄之后仍要回到主题。以售楼代表与客户沟通的目的来说，主要在于了解客户的状况，以及增进客户对楼盘的了解、增强客户对你的信任。在电话中，不需要谈及太多价格方面的信息。在二手楼交易中，由于成交价格是由买卖双方在经纪方斡旋下决定的，其结果的特殊性，使得经纪方必须在电话中与双方展开价格谈判，但要记得一点，最好的成交价格不是在电话中谈成的，哪怕是业主或买家在电话中已经答应的成交价格，由于没有落实到文字上，事后仍有可能产生变数。此外，哪怕在电话中买家出价与业主底价之间有一小段距离，见面后仍有可能促成交易，关键是见面后你如何同买家或业主谈价。因此，打电话的最主要目的是促成见面，以及增强对方对你的信任。

在电话中如何增强你的亲和力呢？在楼盘销售中，建立信任永远是销售中最为核心的内容，与客户打电话进行销售沟通更是如此。但在电话沟通时，在没有任何的身份证明，也没有出示任何契约的情况下，仅仅通过声音就与客户建立起强烈的信任，这无疑是件非常困难的事情。

因此，在与客户进行电话沟通时，首先，自信和耐心是必需的，因为在与客户长期的接触中，售楼代表必须要对自己的公司、楼盘拥有足够的自信以及对顾客提供服务的执着，有长期跟进的心理准备，而不是打一两个电话不成功就放弃；其次，礼仪是电话销售的基础，电话礼仪最重要的就是控制声音和表情，并尽量杜绝无效沟通的发生，良好的声音可以使顾客心情愉悦，因此，一个售楼代表必须要很好地掌握与顾客电话交流时声音的运用，这些完全是可以通过训练弥补的；再次，在电话沟通中，一些用语相当重要，尽量避免用否定的字眼应付顾客的疑问，例如，有一些售楼代表在接到顾客咨询电话的时候，会用“不知道”“不明白”“这个人走开了”等语言来搪塞，这些话不但会削减顾客购买楼盘的欲望，还会损害公司的形象。此外，必须把握适当机会赞美客户，真诚地赞美，是拉近与客户距离的最好方式。在电话沟通中，声音是最好的赞美方式，只要售楼代表细心聆听，实际上可以通过声音掌握客户很多方面的信息，如年龄、教育程度、做事情的态度等。

在使用电话的时候，需注意如下一些事项及技巧：

◇ 明确沟通目的：为什么打电话，需要达到什么样的效果；

◇ 准备纸笔，便于记录；

◇ 做好心理准备，将自己调整到最佳状态，心情愉快而开朗；

◇ 将要说的话写在纸上；

◇ 选择好的打电话环境，要相对安静，以免顾客听不清而烦躁；

◇ 好的姿势：选择一个让自己舒服，易于表达的姿势；

◇ 面带微笑，微笑是可以传染的；

◇ 让自己的声音富有魅力：语调亲切，用亲情感染对方，语速适中，快慢得当，吐字清晰，语言简练，语气丰富，音量适中；

◇ 等对方先挂电话；

◇ 在铃响两到三声时接电话；

◇ 使用礼貌用语；

◇ 电话预约看楼或要求客人前来公司时可用二选一法，敲定时间；

◇ 沟通中多用肯定句，少用疑问句；

◇ 拒绝处理要委婉坚持，不要纠缠不放；

◇ 即使不成功，也要保持礼节，为下次留有余地；

◇ 第一次通电话，应礼貌、平和，消除陌生障碍，正规稳重，以减少对方的戒备心。

第62章

练就售楼交易临门金脚的奥秘

足球比赛中关键的两步：一是要把球带到对方球门前，二是要把球踢进去。其实，销售工作也一样有两个关键点：一是把产品卖出去，二是把钱收回来。如果把这个现象套用到售楼工作上就是，一个售楼代表首先要把楼盘介绍出去，其次要在顾客那里把钱收回来。

在这两个动作中，似乎把楼盘介绍出去相对容易，要在顾客那收到钱却是一件困难的事情。每当你要求顾客下定金或诚意金时，顾客总是有这样那样的理由或借口，就是不让你从他的口袋里取走一分钱。这与踢足球颇为相似，把球带到对方球门前并不是那么困难，但要把球踢进去，这临门一脚总是那么让人无奈。因此，无论是运动员，还是售楼人员，当自己面对临门一脚时总是倍感压力。

售楼的确是件不容易的事，磨炼出开发顾客、捕捉购楼需求、介绍楼盘以及解除抗拒的能力之后，仍要面临结案成交的关键环节。即使经验丰富的售楼代表，也绝对无法让顾客买楼变成一件非常轻松的事情。然而，如果你承认售楼是件辛苦赚钱的事，靠售楼谋生则会轻松许多，你不会再抱怨顾客挑剔，不会再对于市场的变化感到无奈，也不会再为顾客的拒绝感到恐慌。当你不期待卖楼就像卖白菜那样轻松时，大部分的售楼压力就会随之而去。

试想一下，假如你不是在售楼，而是在肯德基工作，你站在柜台后面，顾客走到你面前来，成交的概率有多大呢？答案是100%；如果有人带着小孩，从门口直奔你走来，他会买东西的概率有多少呢？答案也是100%。但你要想一想，在肯德基的柜台工作能赚多少钱，答案是很低廉的工资。当产品保证能卖出去时，所有商家只会付给柜台人员劳动市场中最低的基本工资，不论一个柜台人员做得多好，他不可能赚到超过肯德基愿意付给可以替代人员的最低工资。售楼工作则不一样，其结果具有不确定性，我们不能保证每一位前来的顾客都会买楼，正因如此，发展商以及代理公司的老板们才会愿意付给售楼代表们相对较高的报酬。我们不应抱怨售楼工作多么难，相反，我们应该庆幸正因为售楼不是一件轻松的事，才让这个行业里不会到处充斥着门外汉，也才不至于让我们的收入缩水。所以，面对售楼压力，我们应怀着感激和兴奋的态度去迎接，这样，许多压力就会化为乌有。

正确解决面对售楼压力的态度问题，将大大推进我们的售楼工作，虽然我们能够从容地面对售楼时的成交压力，但顾客还是会一如既往地行使他们拒绝的权利。如何战胜售楼的最后异议，达成交易，还需要我们熟练运用相应的技巧。以下两种方法将为你踢好临门一脚：

一、 感觉—以为—发现

感觉—以为—发现（Feel-Felt-Found）是一种逐渐改变顾客看法，接受新思维的对话技巧。分为三个步骤：

1. 我理解你的感受

以这句话来开始处理顾客的最后异议，可以让顾客觉得你听懂了他们说的话，从而与你产生亲近感，消除敌对情绪。

2. 最初，其他人（名人/名流、知名机构、相关政府机构人员、亲戚朋友、顾客熟悉的人等）也都是你这样认为

这句话可以让顾客知道他们的想法是普遍存在的（当然，用“最初”两个字也意味着情况是可以改变的）。

3. 然而，他们发现X后的结果是Y

X是售楼代表希望顾客做的（购买楼盘或当时下定金等），Y则是顾客购买楼盘后会获得的某种好处，这种好处恰恰是顾客们强烈关心的。

其他人改变了当初的想法，做了售楼代表建议他们做的决策，而他们

对最终的结果极其满意，以此为论据，认证顾客需按售楼代表的建议做决策。例如，顾客觉得楼价高了一点，他们或许会说："这个价格高了点。"你可以这样说："哦！先生！我理解你的感受，刚开盘时，也有不少人像你这样认为，觉得我们的楼盘价格贵了点，但后来他们比较了附近的所有楼盘，无论是楼盘的质量，还是楼盘的装修标准，无论是楼盘的配套，还是楼盘的外部环境，无论是发展商的实力，还是其在业内的品牌，我们楼盘的这个价格都是非常合理的，并且绝对经济实惠。我们这一期的房屋中，有不少房子都是房管部门的工作人员购买的，难道你还不相信他们的眼光？"

二、 回想策略

回想策略（Recall Strategy）是用顾客的语言、措辞或视角帮助顾客继续向前，达成交易。

例如，顾客在听完你的楼盘介绍后，说这个楼盘好是好，但贵了点。此时，回想策略就可能对你有帮助，你可以这样谦恭地回答："先生/小姐，记得你刚才提过，买楼是一辈子的事，对于买楼来说，楼盘的质量非常重要，真的是这样吗？"对方对于自己刚才说的话，一般会以肯定的语气来回答。于是，你就可以与他谈论楼盘的素质与质量了，最后告诉他/她，这个楼盘较其他楼盘贵一点，但楼盘是要使用70年的，70年就是25550天，拥有一个素质这么高的楼盘，每天多投资1元多钱，其实是非常经济实惠的。

第63章 强效解除七大典型成交抗拒的创新方法

当你接待一位买楼顾客时，这位顾客在未来的 24 小时里将有约 100800 次心跳，血液将流过约 288000 英里，呼吸约 23040 次，约 90 亿个脑细胞只用了 700 万个。他将会说约 4800 个字，但其中约 3200 个字是关于自己的，和你或你的楼盘以及你的服务无关，除非你可以把他的情绪带进你的楼盘介绍中。

绝大多顾客不会直接对你说“不”，因为他们常常觉得说“不”太过于绝情了，会终止彼此的交情。相反，他们经常会用“我考虑考虑”或者“我回去商量商量”等托词，以免说出“不”，他们宁愿撒点“善意的小谎”，也不愿说“不”。这时，专业的售楼代表则要发挥自己的创意，利用人类这个不愿意说“不”的契机。

有一次，我在销售一套市中心的住宅，顾客多次强调，价格太高了，买郊区的房子可便宜三分之一。于是，我对他说：“我非常理解你的想法，郊区的房子的确是便宜一些，可你是否知道这样一个事实，住在郊区一个月只有 29 天啊?”这位顾客非常惊讶且不解地问道：“这话什么意思，住郊区一个月才 29 天?”引起他的注意后，我接着问他：“住郊区，上班最少得多用半个小时，下班回家也得多用半个小时，每天最少得多用一小时，是这样吧?”他默认我的观点，然后我又接着说：“一个月工作 20 多天，也就是说，一个月下来，光多用在路上的时间就有一天多，一个月就少了1天，只有29天了，一年就少了快半个月。”接受我的观点后，他充分权衡，还是选了我建议的这套市中心住宅。

一个专业的售楼代表就是要这样，随时发挥自己的创意去应对顾客的反对意见及拒绝。如果售楼代表不具备这种能力，再好的机会都不会被利用。顾客的反对意见及拒绝是多种多样的，在这里列出常见的七种借口及其应对。

一、 太贵了

“太贵了”“价格太高了”“我没有那么多预算”“我在其他地方可以买到更便宜的房子”等。做出这种回答，有可能是顾客真的买不起。因此，做一些试探是有必要的，如果顾客说的是实话，那只能介绍价格低一点的房子。

有时，顾客说出这些话，并不是真的太贵了，而是要争取更大的议价空间，这时，可用这样一些话术。

客户：“这套房子的价格太高了。”

售楼代表：“是的，我和你的看法相同，这个价格有点高，但是，王小姐，你就是订这个价格的人啊。”

顾客：“我订的价，这是什么意思？”

售楼代表：“事实上，你和其他想买房子的人为这个房地产市场订了价格。例如，99%的要买房的人突然停止买房，我可以保证不出半年，房价就会下跌。但是，房价一下跌，大量买家又会迅速回到市场，房价又会重新上涨，所以说，房价是由买家设定的啊！正如你知道的，房价是一路上涨的，相信1年或者10年后，当你准备出售这套房子时，房价将比现在更高。如果，今天你决定购买这套房子，你就可以随着房价的上涨赚取更多的利润。”

二、 我得回去跟太太（先生） 商量商量

避免这种借口的发生，最好的办法是搞清楚决策人是谁。例如，有些年轻人购房，首期款需要家里人提供支援，做决策肯定需要征得家里人的同意。因此，在要求顾客下定时，最好要求决策人一同前来，这样可以最大限度地避免这类回答的出现。

有时，遇到这类回答，可运用一些话术。

顾客："我得回去跟太太商量一下 。"

售楼代表："好吧！不过，为了留住这套房子，我们还是先把这份协议签了吧，然后你回家跟太太讲一下，或者带你太太上这来。要是她反对的话，你可以把定金拿回去。"

大多数情况下，这种交易都能顺利进行下去。如果顾客没有签字付定金就走了，售楼代表大多会失去这笔买卖。因此，让顾客签字有时会起到较好的效果。

三、 我有一位朋友也是做房地产的

遇到这种情况，售楼代表可以这样问顾客："你只是喜欢到朋友那儿买楼呢，还是要考虑什么对自己有利呢？"一般来说，大多数人都属于后者，他们不会因为是朋友而掏钱买一些不太好的楼盘。接着，可以向顾客介绍你的楼盘的好处及给他带来的利益。

四、 我只是想随便看看

当你突然发现有顾客在你中介门前的盘源架前驻足观看时，你走出去询问顾客："先生/小姐，请问有什么可以帮到你?"有不少顾客会说："随便看看。"如果这时你没有有效应对措施，顾客通常会在不到一分钟之内就走了。

如何让顾客进店内来详谈，发现其需求呢？你可以设计这样一些话术。

售楼代表："先生/小姐，请问有什么可以帮到你？"

顾客："随便看看。"

售楼代表："我昨天刚收到一个盘，业主急着出国，不知您有没有兴趣了解一下？”

一般来说，人的天性是爱贪小便宜的，通常会跟你进入店内详谈的。当然，你手头必须有一两个较笋的盘，这一招才会有效。

五、 给我一份楼书（资料），我回去考虑考虑

出现这种回答，显然是你没有说服顾客下决心购买。但你真的拿楼书让顾客回去的话，你很有可能会失去这一次机会。你的任务是要再次向他推销你的楼盘。

遇到这类回答，你可以运用这些话术：“好吧！我很高兴为您提供这个楼盘的楼书，不过，先生/小姐，要是楼书能代替我的话，我就该失业了。如果您现在有什么不清楚的地方，我就在这儿等着您提问。能告诉我，您到底有哪一点不太清楚吗？”顾客提出异议，你可以乘机说服他。

六、 我今天没带钱（无法下定金/下诚意金）

不少顾客在被要求下定金或下诚意金时，会以“没带钱”或“钱不够”为借口。如果这时你让他回家的话，他很有可能再也不回头了。人们虽然嘴上说没钱，实际上是不可能两手空空出门的，他们通常会有银行卡。这时，售楼代表的策略是“百鸟在林，不如一鸟在手”，能收多少定金/诚意金就收多少，可以问顾客能给多少，要不去附近银行取钱。

如果遇到顾客真的没带钱，也可运用这些话术：“先生/小姐，没问题，我和您一样，有好几次都忘记带钱。”让顾客情绪安静下来后，可以接着说：“事实上您的承诺比世界上所有的钱都更能说明问题。”接下来，便要求顾客在认购书上签字。

七、 这一套与之前的那套没有多大区别，为什么……

通常顾客会拿之前看过的楼盘与你现在推荐的房子做比较，这时你可以这样回答：“是的，它们是有点相似，但我也告诉您，我和我太太也很相似啊，我们都有两只手臂，两条腿和一个脑袋，但还是有很多差异，说老实话，就是这些差异把我们凑到了一起，就是这些差异让我们还继续在一起！没错，这套房子跟你讲的那套是有点相似，但也有很多差异，您拥有这套房子后，这些差异足以让你享受更好的生活。”这时，顾客多半会被你逗笑，然后你再跟他解释差异所在。

第64章 “为什么”在售楼成交中的魔力

你是否还记得自己小时候特别爱问“为什么”呢？如果没有印象，那你一定有跟小孩交往的经历吧，他们是不是也经常用一连串的“为什么”问得你哑口无言呢？

“为什么”这三个字通常可以让我们知道一件事情其结果产生的原因。凡事我们都多问几个“为什么”，总是错不了；多问对方几个“为什么”，有时就可以让对方很快露出底牌；多问自己几个“为什么”，则可以找到成功售楼的方法。一旦领悟“为什么”的力量，售楼工作立即变得轻松起来。

一、用“为什么”探寻顾客的购买障碍

就像小孩子追问“为什么”一样，当你不停地问顾客为什么时，隐藏在顾客心中的疑虑就会完全暴露无遗，你就能够寻找到顾客心中真正的“害怕”是什么，抗拒点在哪里，从而采取有效的办法解除顾客心中的疑虑。例如，顾客说：“我觉得这套房子的价格太高了。”你可以这样问他：“为什么你会觉得这套房子的价格太高了呢？”顾客可能会列举种种原因，一个专业的售楼代表会根据顾客的回答，有效地化解顾客心中的疑虑。有时顾客说“太贵了”“价格太高了”只是随便说说而已，如果真是这样，他有可能找些看似更合理的理由，当你再多问几个“为什么”时，他就会逐渐说服自己，告诉自己这套房子价格不高，因为在他不停编造理由的同

时，会认识到事实并不是这样，从而在潜意识里自己说服自己。

有时顾客会对你说的话产生误解或怀疑，但出于情面上的考虑，一般不会当面说出来，只是用不同的借口来拒绝你的要求。这时，你多问几个“为什么”，也可以让顾客道出其“怀疑”，从而让你找到顾客“怀疑”的真正原因，进而采取相应的办法解除顾客的误解和怀疑。

二、用“为什么”引起顾客的兴趣

在我的培训宣传资料里我总是喜欢用这样一段话：“为什么有些人的售楼业绩比你好一倍、两倍，甚至十倍、百倍？难道他们有比你聪明一倍、两倍，甚至十倍、百倍吗？假如不是，难道他们有比你努力一倍、两倍，甚至十倍、百倍吗？假如也不是，那为什么他们的业绩会比你高这么多呢？也许你并没有做错任何事，但你想不想了解他们做对了什么？”你看完这段话，是不是很有兴趣呢？在我们的售楼工作中也可以用“为什么”来提起顾客的兴趣，同时，用完这个“为什么”后，顾客会更加在意你的解释，从而起到增强你的说服力的功效。例如，同是上面这个例子，顾客说：“这套房子的价格高了点。”售楼代表说：“先生/小姐，很多客人一开始都有你这种感觉，不过，他们认真比较后还是选择了我们这个楼盘，你知道为什么吗？”这时，顾客通常会渴望知道“为什么”，并对你接下来的解释认真倾听，这时他们也比较容易被说服。

三、用“为什么”寻找成功售楼方法

成功学上有一句名言，“失败不是成功之母，检讨才是成功之母”。的确是这样，如果一个人失败不检讨自己，不检讨失败的原因，下一次只能重复以前的方法，也只会得到以前的结果。在售楼路上，一定要多问自己几个“为什么”，不断地总结经验，寻找新的方法。

第65章 你了解房屋成交中的买点策略吗

在一场盛大的房地产中介公司年会上，主持人介绍了这样一位经纪人，主持人说："他去年的房地产销售业绩是人均业绩的两倍。"主持人以为大家会报以掌声，但大家只是静悄悄且疑惑地看着这位经纪人，不明白主持人为什么要这样隆重地介绍一个业绩中上的经纪人。

主持人又告诉大家："他双目失明。"大家听后给以雷鸣般的掌声。当掌声停止后，主持人问道："你是一个残疾人，如何创下销售奇迹？"

这位经纪人说："我不是残疾人，我有其他经纪人没有的优势，那就是我看不到我的客户，所以，我得用客户的眼光来卖房子，而其他经纪人看得到他们的客户，他们大多用自己的眼光来卖房子。其实，他们也可以用客户的眼光来卖房子，提供更好的服务，取得更好的销售业绩。"

这位经纪人成功的奥秘就在于他设身处地为客户着想，很多人则很难理解客户、经纪人的心态。多站在客户的角度想问题，客户对你的信赖感会迅速加强。

试想，你是一位客户，本想买一套30万元的房子，不想再多花一分钱，或者你本来只想买套70平方米的房子，可你遇到一位超级售楼员，结果他让你买了一套50万元的房子，或一套150平方米的房子。当你坐在宽敞的房子里看着窗外的美景时，难道你就能忘了每个月得额外支付的那笔沉重的供楼费用吗?

作为一位专业的售楼人员，关键的不是你能用花言巧语说服顾客做一些他们本来不想做的决策，而是实事求是地为他们着想，从他们的实际需求出发，这样才能赢得顾客的心。你要推销给顾客他们想要的楼盘，而不是你认为顾客想要的楼盘。顾客有顾客的实际情况及对楼盘的要求，你不能把自己的想法强加到顾客头上，或把自己认为适合顾客需要的房子硬销给顾客。

在实际销售工作中，不少售楼代表经常犯这种错误，总是以自己的主观猜测或以自己的“以为”来推断顾客想要什么样的楼，而没有站在顾客的立场设身处地地了解顾客真正想要的是什么。

有一次，我的一位下属向一位60多岁的买家推荐一套老城区的旧别墅，该别墅共两层半，其中顶层是半层违章建筑，一共320多平方米，总价不到250万元，即使不算违章面积在内，每平方米的单价也是比较便宜的。于是，这位物业顾问就以“便宜、经济、实惠”为卖点，一个劲地向这位长者推销，可是不奏效，这位买家最后还是不买。

后来，这位长者道出了其中的原因，他说：“年轻人，便宜有什么用，我不是没见过钱，现在这年纪了，难道我缺那些小钱吗？说实话，这套别墅我是真有点喜欢，可我担心的是，我买了之后，城管要求拆除楼顶的那半层违章建筑可就麻烦了，再说也不吉利。”

原来，这位长者不是要求便宜，而是要求安全、放心、省心，这却正是这位物业顾问忽略的，其结果是可想而知了。因此，我们要利用顾客的眼光去卖楼，关键就是要站在顾客的立场去考虑。

任何手段或小聪明，只可能会使你获得一时的成功，但要赢取顾客的心，获取长远的成功，则一定要设身处地、将心比心地为顾客着想，以顾客的眼光来卖楼。

第66章

颇具争议的善意引导式成交艺术

如何在1天内卖出5家中介公司3个月都没卖出的房子呢?

《纽约时报》报道的是一则新泽西房屋买卖个案。罗威是这套房子的主人,他决定卖出这套位于新泽西的两居室房子,于是,她找了中介代理公司帮忙销售。中介代理公司是这样帮她做广告的:“舒适大房,牧场环境,有火炉、车库、花砖浴室、热水器,离洛特格尔营区、运动场、高尔夫球场与小学都很近。”但3个月过去了,换了5家中介代理公司,还是没有把房子卖出去,似乎这套房子没人喜欢。

虽然如此,但罗威太太坚信她的房子是一定可以卖出去的。于是,她决定自己刊登广告,试一试。她是这样刊登广告的:“我们想念我们的家!我们很高兴住在这里,但是两个卧室对我们来说太小了,因此,我们必须搬家,假如你喜欢从窗子欣赏秋天的树林时有火炉的温暖随侍左右;假如你喜欢绿树成荫的夏季庭院,能清楚地看到冬日落日,安静得可以听到蛙鸣的春季,这里都可以实现,而且仍然能够享有城市的设施与便利。你会喜欢并买下我们的房子,我不要它在圣诞节时空荡寂寞。”隔天就有6个人来看房子,其中1人买下了它。

罗威太太在1天内卖出了5家中介公司3个月都没卖出的房子,她运用的方法与中介公司到底有什么不同呢?

其实，中介公司广告中提及的“舒适大房，牧场环境，有火炉、车库、花砖浴室、热水器，离洛特格尔营区、运动场、高尔夫球场与小学都很近”都是实情，是房子固有的特性，但人们买房子时需要的往往不是这些特性，而是这些特性能给他们带来的好处和利益，正如罗威太太自己在广告中描述的各种画面。如果我们斟酌罗威太太的这段广告词，从第一句开始，你就可以看到快乐的一家人挤在一个漂亮的房子里的场景。这套房子本身没有什么大问题，只是小了点，罗威太太用短短的150多个字，描绘了8个图片，且这8个图片正是这个房子特性带给买家的好处和利益。也正是这种想象式的画面让她在一天内顺利地售出这套看似没有人感兴趣的房子。

因此，专业的售楼代表在售楼过程中，不要一味地介绍房屋特性，而应介绍房屋特性带来的好处和利益。正确引导顾客想象拥有你推荐的房子后的好处及利益，以及一旦失去这次机会可能带来的恐惧。当然，我们要进行善意的引导，要注意“善意引导”与“欺骗”是不同的。善意的引导（Friendly Control）是基于客户的真实需求的引导，不能带有欺骗的成分，在销售中一定要注意两者的界线。

有时，让顾客感受一旦失去这次机会可能带来的恐惧，会比让顾客感受拥有后可以得到的好处及利益更有效。

有一次，一位加油站的服务生向驾驶员推销更多的汽油时就采用了一种方法。当服务生举起油枪检查油量时，他来到驾驶员身旁说：“你需要加50升油。”驾驶员赶紧从驾驶室走出来说道：“什么？要50升油，难道我的车一点油都没有了吗？”这时，服务生说道：“你的油脏得吓人，你应该在你的发动机被这种脏油毁坏前换掉它，这只需要花费你几分钟时间，你便可以上路。”

“发动机被这种脏油毁坏”正是一旦不换油可能产生的恐惧，而给顾客描绘这种恐惧往往比描绘换油给车带来什么好处有效得多。因此，在售楼过程中，你也可以适当地制造一些紧张感，让顾客感受到你推荐的这套房子是比较难得的，让他害怕失去这次选择的机会。

有一次，一位销售二手楼的物业顾问带一位顾客去看一套三房，这套房子是钥匙盘，即业主为了方便房产经纪看楼，把钥匙放到了中介公司。这位物业顾问拿上钥匙带顾客去看楼。在看楼过程中，顾客特别仔细，看的时间比较长。结束时，这位物业顾问就问顾客感觉怎么样？顾客为了争取议价空间及谈判条件，虽然心里是喜欢上了这套房子，但口头却说："一般吧，我觉得楼层高了点，屋内装修太旧，采光不是很好……"总之是一大堆毛病。这位物业顾问看到顾客有兴趣，为了让他快点做决策，就决定制造一些紧张感。在送顾客离开时，这位物业顾问故意不关门窗，只送顾客到这套房子的大门口，对顾客说："不好意思，请您先走一下，我要在这里等一下我的同事，他们约了两个客人上来看房子，我怕现在赶回公司碰不上他们，就在这等他们。实在不好意思。"

当物业顾问估计顾客快到家时，就打电话催促，让顾客来公司"下定"，并取得了成功。其实，这位物业顾问制造"要等其他同事来看楼"的事件，就是要让顾客感觉"不抓紧时间，就有可能失去拥有这套自己喜欢的房子的机会"，这种方法远比对顾客描绘"早点决策会带来什么好处和利益"有效得多。

从两方面对顾客进行善意的引导：一是"拥有你推荐的房子后会带来的好处和利益"二是"一旦失去你推荐的房子后可能产生的恐惧"。当然，有可能的话，可以适当地制造一些紧迫感，让顾客害怕失去选择的机会。

第67章

什么是售楼最佳成交时机

2003年10月21日《粤港信息日报》刊登了这样一篇文章《史玉柱3个亿套现梦空　脑白金错过最好卖价》。文章指出，史玉柱出售“脑白金”商标一事近日风云突变——“脑白金”商标不卖了。18日健特生物(000416)发表公告，称中止该公司控股的无锡健特购买“脑白金”商标的协议。按此说法，应理解成是上海健特不想卖商标，而不是无锡健特不想买。健特生物证券部人士接受《粤港信息日报》采访时也表示确是此意。由于双方签订转让合同时对商标进行了评估，评估结果的有效使用日期时至2003年9月29日。这个“有效时间”应该就是上海健特所指的被错过了的实施收购的最佳时机，并指出销售巅峰期已过，难有更好价。

前些年复出并主动清还巨人大厦债务的史玉柱一时成为商界传奇人物，这种能够在惨痛的失败中东山再起，并主动清还债务的企业家在改革开放以来并不多见，史玉柱是一位让人钦佩的企业家。这样的商界传奇人物在决策时都会有错失最佳成交时机的时候，在售楼过程中，不专业的售楼代表更是经常错失成交良机。

一、　什么是售楼最佳成交时机

“什么时候是成交时机？尤其是所谓的最佳成交时机呢？”我在培训中经常被问到这样的问题。不少人在售楼初始阶段就被教导，提出成交的时机要适中，不能太早，也不能太迟，该出手时就出手。太早了，可能顾客对你及你推售的楼盘没有建立足够的信心，也没有充分的了解，不敢贸然决定，可能会被你的要求吓得逃之夭夭；太迟了，则好像搁浅在沙滩上的鱼，潮涨时可以自由自在，一旦潮退，则只能任人摆布，这时，买楼者要不是买了其他楼盘，就是对你推售的房屋已经心灰意冷。

售楼最佳成交时机是顾客的买楼欲望最强、最渴望拥有你推荐的房子的时刻，也就是各方面条件都成熟的时刻。顾客在成交过程中发生着一系列极其复杂、微妙的心理活动，包括顾客对房屋面积、价格等的想法及如何成交、如何付款、如何交楼等问题的猜测，它经常决定交易的成败。

二、 如何掌握售楼最佳成交时机

在售楼过程中，什么时候或者什么情况表明最佳成交时机到来？我在培训中遇到不少这样的提问。这不由让我想起这样一个经典的对话场面，一位电视主持人现场采访一位著名的股市分析师，问他："什么是最佳的买入、卖出时机？"这位股市分析师回答："最佳卖出时机是在股票价位最高的时候，当然，最佳买入时机则是股票价位最低的时候。"因此，要我回答这个问题，我想最好的答案当然是："售楼最佳成交时机是当顾客最渴望购买你推售的房屋的时候。"

每一宗房屋买卖都是在不同的情况下达成的，并且大多数情况下买主都是不同的，他们在做决策时所表现的情况自然会有所不同。要掌握住售楼最佳的成交时机，必须在房屋销售过程中仔细观察顾客在整个购买过程中的表情及言行，当这个最佳时机到来时，从顾客的言行表情里会发出相应的信号。例如，顾客用其他楼盘与你推售的楼盘进行比较；二手楼买卖中买家要求复看或还价等。

把握售楼成交信号只是把握售楼成交时机的一个结果，真正要把握住成交时机则要把握住成交前的"建立信赖感""需求探寻""楼盘推介"各个销售环节。如果只是一味关注成交信号，而疏于上述各个销售环节，所谓的成交信号是不可能出现的，更谈不上什么把握了。因此，要把握好售楼成交信号，就必须把握住售楼过程中的每一个环节，只有这样，你才能游刃有余地促成交易。

第68章 让顾客不好推脱的成交艺术

"给我一张你的名片吧，等我考虑好后打电话给你。"

"我先把这份资料拿回去考虑考虑，我会给你打电话的。"

"我很忙，过两天再说吧。"

"我得回去仔细研究一下。"

"不好意思，明天再谈吧。"

上述这些话是不是很熟悉呢？在你要向顾客发出成交请求时，是不是经常听到类似的推脱呢？如果你信以为真，那你就很有可能失去这次机会，因为人们的购买冲动常常是稍纵即逝的。顾客们总是希望骑墙观望，不肯当场拍板。

顾客们到底为什么会推脱呢？当你对顾客的需求进行了准确把握，并对楼盘的利益及好处进行详尽推介后，顾客仍然不肯决策，那肯定是有某种原因使得他们犹豫不决。

其实，人类的天性是不爱冒险的，人们很多时候推脱主要是感到不安、不保险。他们不愿意立即决策购买，是因为他们不愿意冒可能犯错或后悔的风险。大概没有什么人会在明知是正确的选择情况下推脱吧？人们之所以推脱，要等明天或之后的一段时间做决策，仅仅是因为他们今天缺乏决策的信心。

如何让顾客对决策充满信心，对成交请求不好推脱呢？

一、 情绪的传递

情绪是有感染力的，正像你的热情一样，你的迟疑和果断的情绪同样可以感染顾客。在售楼过程中，如果售楼代表缺乏信心，在要求成交时，不少人因不能承受顾客的反对意见支支吾吾，十分担心顾客说出拒绝自己的话来。疑虑一旦出现，在他的眼神、话语、肢体动作中就会暴露无遗，有时候可能表现不是十分明显，可顾客还是会在潜意识里捕捉到这些动摇的信号，自己也就犹豫起来了。

相反，如果售楼人员非常自信、果断地告诉顾客，这正是他需要的楼盘，他们需要立即做决策的话，这种果断的情绪也会感染顾客。你可以注意到，不同的售楼代表对顾客说的话基本一样，但是因为证据不一样，产生的结果也不同。

二、 预先框视

预先框视的主要作用是事前找出买房决策人，因为只有在决策人在场的情况下，交易才有可能达成，否则，一位没有决策权的人是很难做出购买决策的。

在房地产销售过程中，经常会遇到这样一些看楼者，他们没有决策权，因此，"回去考虑""回去商量"通常是他们的借口。当然，在这种情况下，让有决策权的人一起来是最好的办法。

在要求顾客成交之前，要先清楚对方是否是决策人，我们可以在接触顾客的过程中把这项工作做好。例如，可以采用直接询问的方法，问顾客："请问购房合同是由您来签，还是其他人?"如果顾客说由他自己签字的话，当你发出成交请求时，他就不好再用"回去考虑考虑"的借口了。

此外，你也可以用这样一些言语，让顾客扮演决策人，而不好再推脱。例如，在与顾客的交谈中，你可以这样对顾客说："今天，很高兴能和您谈话，和您这样一位年轻有为，又有能力做主的客人坐在这里讨论买楼，真是一件令人愉快的事。您可能不相信，有很多人走进来，因为太听老婆的话或别的什么人的话，而无法做出买房的决定。"一旦顾客点头同意，那他就是一位决策人，即使不是，他的点头也把他逼到了决策人的位置上。当然，如果顾客承认自己不是一位决策人，最好的做法是，不要过早地发出成交请求，可以要求他把决策人一起带来看楼，在决策人在场的情况下，发出成交请求，这样才能提高成交的可能性。

三、 激发顾客做主的意识

每个人都会感到自己很重要，不管是意识，还是潜意识，每一个人都有这种天性。专业的售楼代表要合理地使用人的这种天性。毕竟，如果承认自己没有决策权，不能做主是一件让人尴尬的事。在销售过中，你只要满足顾客这种虚荣心，很多时候，他们都会成为决策人。

例如，售楼代表们可以用这些话术，“我们这里有不少企业的老总或老板来看楼，所以我了解像您这样的高层管理人员都很珍惜时间，先生，您同意我的观点，对吧”。一般顾客都会点头示意，这时，售楼代表可以继续运用这些话术，“我也很珍惜您的时间，先生，为了节约您的时间，请您现在就授权同意吧”。这样一来，就让顾客不太好推脱了。

又如，对于一些女强人似的购房者，可以运用这样一些话术，“我真佩服你们这些女强人，你们敢做出上一代妇女想都不敢想的决定，可以自己决定买什么样的房子，您可知道，在我还没有从事售楼工作时，我是连看楼都不敢去的啊”。以此激发她们决策的欲望。

第69章 实现完美售楼的三大“赢心”成交策略

一位男士跟他太太一起来到楼盘销售中心，这位爱发牢骚的男士坚持要看低层的二房单位（这些单位已经全部售出），接待他们的售楼代表马上意识到自己遇上了一位难以对付和固执己见的顾客。作为一位机智的售楼代表，她知道她的任务首先是迎合顾客，赞美顾客有眼光，懂得挑选，然后再尽可能地判断他内心的固定看法是什么，以及为什么。接着就带他们去看样板房，通过对一般性问题的诚恳交谈，这位售楼代表平静下来，又通过一系列的巧妙问题，终于说服了这位顾客接受高层的二房单位。这位顾客终于明确了自己需要什么样的房子，物业顾问也就更容易满足顾客了。

试想，如果这位售楼代表一开始就告诉顾客低层单位没有了，并着手推荐高层单位，结果可能就不是这样了。在售楼过程中，如何赢取友谊、获取业务，最关键的就是要运用策略赢取顾客的心。

一、用赞美化解顾客异议

一位小学教师正准备责备一位8岁的小孩在课堂上搞恶作剧，这位教师对这位小孩说：“小强，我看见你了。”这时，小孩迅速地回答说：“是的，我知道没有什么能够逃过你那双乌黑美丽的大眼睛。”这个小孩是推销天才，一下子平息了这位教师的愤怒。

我们在售楼过程中经常遇到顾客跟自己有不同见解的情形，这可能是自己一时的疏忽让顾客产生误解，或者做错了什么，也可能是楼盘本身的一些缺陷造成的。对于顾客不同的见解，乃至反对，正确对等的态度是不要立即纠正顾客或者立即辩解，更不能马上说出与顾客相反的意见，而应使用赞美原则，缓冲顾客的心理，等顾客心平气和之时，再了解顾客持不同见解的原因，之后，再根据具体情况对顾客进行善意诱导。就像上述的小孩那样，即使自己真的不小心做错了什么，在承认错误之前，也要先赞美一下顾客，安抚一下顾客愤怒的心，再承认错误，并及时说出相应的补救方案，时刻让顾客感到自己是一个非常重要的人，让他成为"赢家"。

二、 策略重要， 诚实守信更重要

保持幽默，是我们经常运用的策略之一，这可以让顾客保持轻松的心态，减轻买楼过程中的压力。但需要提醒的是，不管用什么策略，绝对不能欺骗顾客。人都喜欢与诚实、爽直、表里如一的人打交道，没有谁会愿意跟一位不诚实的售楼代表买楼。

中国历史上有个著名的故事，曾子的儿子吵闹不休，曾妻就骗他说："等你父亲回来，杀猪给你吃。"曾子回家听到妻子告诉他这件事后，果然持刀把猪杀了。显然，曾子是在培养儿子的信用意识。这就是儒家思想中"与朋友交，言而有信"的道理。信用是处理人际关系的必守信条，做生意双方成交要守信用，上下级讲话要讲信用，敌对双方谈判要守信用，父亲对刚懂事的儿子的教育也要讲信用。

信用的心理作用是给顾客以安全感，人际关系是以互相吸引为前提的，这种吸引很重要的一点是双方必须在交往中有心理上的安全感。因此，答应顾客的事情一定要做到，看楼要准时到场，一切没办法确定的事情绝对不能乱承诺，要讲明承诺不了的理由。在售楼过程中，很多看似无关紧要的小节，会影响顾客对我们个人信誉的看法，也会影响他对你推荐楼盘的选择，以及日后是否转介绍等，因此切不可掉以轻心。

三、 赢心策略还需“主动+引导”

许多女性购物时会转来转去，或许，很多时候连她们自己都不知道到底要买什么，这只是她们已经养成的一种习惯而已。在决定购买一件自己需要的商品时，她们可能会在商场转上一整天，甚至是几个星期。她们总是担心会遇到更好、更廉价的商品。如果她们想买一件衣服或一条裙子，甚至一双袜子，在决策前都会来商场看一看。

买楼是人生中的一件大事，大多数买楼者通常都表现出女性这种逛街情结，只不过他们称之为看楼而已。不少人有了买楼的想法后，在初期通常也不知道自己要买什么样的楼。

一个聪明的售货员，看到女性们在自己的“地盘”逛街时，会主动上前问道：“这位小姐，有什么可以帮到你呢?”于是，这位售货员就会面带微笑，用悦耳的声音开始与顾客谈话，在这位习惯性的观望者发现问题时，这位顾客已经成为一位购物者了。售楼也一样，当售楼代表主动迎上前去，询问顾客有什么可以帮忙之时，机会就已经来临。只要发现顾客的真实需求，这位到处看楼的房地产研究者就有可能很快成为向你买房的置业者了。

策略就是这样，当你静静地坐在池塘边看着其他人一次一次地把鱼拉出水面时，你可能会非常生气，为什么自己还没有钓上一条鱼？过了一会儿，你可能发现自己的鱼钩上没有鱼饵，可你还是不相信自己钓不到鱼，继续坐在那里等待。没有策略的售楼人员就像没有鱼饵的钓鱼者一样，只能空守在那里，成交不了。

因此，在售楼工作中，必须学会运用一些策略，从“心”开始，赢取更多的顾客，实现完美售楼人生。

服务篇

第70章 如何插上翅膀去卖楼

为什么销售同一个楼盘的不同售楼代表，业绩会相差这么大呢?

为什么一起毕业的同门弟子，一段时间后，业绩会相差这么大呢?

为什么同时进入公司的员工，一段时间后，业绩会相差这么大呢?

为什么有的人总是业绩平平，有的人却数倍、数十倍于人呢?

其实，大部分普通的售楼代表也是敬业而努力工作的，但都远不如售楼冠军们，售楼冠军们到底做对了什么呢？他们有什么制胜秘诀呢?

一、善用250法则，以一当千

推销其实有三层含义：

一是说服顾客购买；

二是促使顾客在拥有所推销的产品之后再次购买；

三是顾客满意后向其他人推荐。

从这三层含义来看，销售是一个只有起点，没有终点的工作，成交只是下一次的起点。售楼冠军们深深明白这个道理，当一般的售楼代表还在四处寻找新顾客之时，他们则突出重点，以一当十，以一当百，甚至以一当千。他们不急于寻找客户，而是创造客户、挖掘客户，留住并巩固客户，他们深谙“顾客是给他们送钱的人，老顾客就是摇钱树”的深刻道理，将每一次房屋的成交都做到极致，以至能够拓展出更多房屋的成交。

1. 250 法则

有一次，汽车销售吉尼斯世界纪录保持者——乔·吉拉德去参加一个朋友母亲的葬礼，按天主教规程进行葬礼时，都会向现场的参加者派发印有死者名字和照片的卡片，乔·吉拉德就好奇地问葬仪社职员：“怎样决定印刷多少张这种卡片呢?”那位职员回答说：“这得靠经验，一般来说，平均数为250人。”还有一次，乔·吉拉德参加一个结婚典礼，好奇的他发现新娘这边约250人，新郎那边也差不多250人。

这就是250法则的来源了，也就是说，每个人身边大约有250个朋友，在房地产销售中也可以很好地利用这个原则。如果你成功售出一套房子，让顾客感到满意，同时你的服务也做得非常好的话，顾客就会向250个人叙述这次愉快的购房经历，这250个人中就有不少人可能是你将来的准客户；相反，如果你让顾客做了一个错误的决策，或者之后的服务做得很差劲，顾客就会将这次不愉快的购房遭遇告诉250个人，这250个人还有可能告诉身边更多的朋友，你将失去的就不止这250个潜在顾客了。

售楼冠军们都善于运用这个250法则，他们站在客户的立场为客户着想，让顾客买到他们真正想要的房子，并提供超过顾客期望的服务，他们定期或不定期通过电话、手机短信，甚至是邮件或贺卡等与顾客保持长期联系。在售楼过程中，他们非常珍惜这些已成交的老顾客资源，也正是这些老顾客让他们能够以一当千。

2. 地毯式倾销

在二手房销售过程中，有种做法叫“洗楼”，普通的售楼人员不屑做这些工作，但售楼冠军们经常利用带顾客看楼等机会对所看楼盘进行“洗楼”，从而让他们获取更多的盘源或客源。类似这种地毯式寻找顾客的方式还有很多，哪怕是站在销售中心或店铺门口主动向过往的客人推销房屋，只要有时间许可，售楼冠军们也是乐意去做的，正是这种不怕艰辛的工作精神让售楼冠军们有了更多的成交机会。

二、积极主动，创造市场

“三流售楼代表抓住顾客，二流售楼代表寻找顾客，一流售楼代表创造顾客”，这句话很好地说明了售楼冠军们为什么能够在同样的楼盘、同样的店铺以及同样的房地产市场中，取得与普通售楼代表们不一样的业绩的原因。坐在销售中心、店铺等待顾客上门的“坐销”方式是远远不够的，好的业绩需要售楼代表们能够利用各种方法创造顾客。

1. 利用名片资源广交朋友

从本书前面提及的汤姆·霍普金斯如何将房子卖给珍尼太太的案例中，我们可以深深地感受到名片在卖楼中的作用，汤姆·霍普金斯连续向珍尼太太派出两打卡片后，就赢来了一套房屋的成交机会。由此可见，派卡片对销售房屋来说，还是非常有作用的。

但不少售楼人员不敢与其他人交换名片，这是不好的现象。我们要经常大量地在各类社交场合送出自己的卡片，认识更多的朋友，将这些朋友纳入你的未来购房潜在客户之中。

2. 感谢他人

“谢谢”两个字往往有神奇的功效。我的一位朋友经常在名片的背面写上两个大大的“谢谢”，递名片时，总是将写有“谢谢”的一面向上递给顾客，顾客往往会感到奇怪，每当这时，我的朋友就会回答：“是的，我猜想将来有机会为你服务，所以在这里先要谢谢你。”好个“谢谢”呀，既让顾客感到他与众不同的一面，又增加了顾客对他的好感。

在这里，我不是要求各位也在名片的背面写上“谢谢”两个字，而是想告诉各位，要经常谢谢顾客，经常利用电话、手机短信、邮件或者寄贺卡的方式感谢曾经帮助过你的顾客，用你衷心的感谢换取他们的转介绍。

第71章

让置业者也疯狂的服务革命

台湾首富王永庆创业初期是经营米行的，他卖米的方法与别人不一样，不管客户买的米是多是少，他一律提供送米上门的服务。米送到客户家里后，他还特意将旧米先倒出米缸，将新米放入缸底，再将旧米放在新米上面，方便客户先吃完旧米。此外，他还详细询问客户家庭成员情况，预计顾客下次买米的时间，以便主动送米上门。这种超越客户期望的优质服务很快就让他经营的米生意红火起来。

据说在赌城拉斯维加斯的一家公司，对每个来该地游玩的顾客均无条件赠送10美元赌金，这一施以小惠的举措让这家公司的生意异常火暴，赚回大笔利润。这家公司负责人说他们是基于以下四个原因才决定实施这项活动的：①因为每个人都喜欢贪小便宜；②都喜欢用不劳而获的金钱去赌博；③可是他们又决不愿意平白无故接受别人的东西；④因此就会以尽义务的态度来赌博一下。这家公司这个略施小惠的措施让他们取得了惊人的成功。

不少售楼代表认为服务太浪费时间，觉得售后服务就好像赢得了比赛后还去比赛。其实，这是一种愚蠢的短见。每个顾客都是一个金矿，最初的销售，无论怎样令人激动，也只是一个开始而已。任何一个顾客，当你赢取他们的心的时候，他们虽然不会像礼物一样站在你的面前，但他们的回报却是非常可观的，他们的转介绍会让你的售楼事业迈向巅峰。

因此，从长远的角度来看，通过服务（尤其是超越顾客期望的服务）来促进你的销售是一项最有效的方法，也是保证你及公司的销售额持续增长的法宝。世界商用电脑巨头IBM公司称："影响IBM公司重要决策的三大基本理念是尊重每个客户，提供给客户全世界最好的服务，要求员工有最杰出的表现，这三大理念支配了IBM所有的决策。"乔·吉拉德也说："销售游戏的名称就叫作服务，尽量给你的每个客户最好的服务，让他们一想到和别人做生意就有罪恶感。"

其实，在激烈的市场竞争中，售楼代表面临的竞争实在太多了，他们销售的楼盘有时也都大同小异（二手楼销售更不用说了，有时所有人销售的房屋几乎一模一样），唯一可以让客户将你与其他售楼代表区分开来的方法，就是与众不同的服务，尤其是超越顾客期望的服务。

一个专业的售楼代表到底该如何发挥好服务的魔力呢？

一、服务造就顾客忠诚

我们知道服务的重要性，知道好的服务就是要让顾客满意，可为什么满意顾客仍然会选择其他企业的产品和服务？为什么有的顾客对企业的产品和服务并不十分满意，却仍然是企业的忠诚顾客？由此可见，服务的目的不光是让顾客满意，更是要让顾客"忠诚"。

2002年，万科推出"欢笑积分分享计划"，到目前已做了很多期活动，也有非常多的人领取了积分奖品，在活动的条款里，共有八条积分方式，其中五条与房产购买无关。但在其他一些客户会中，类似的积分奖励计划都做了改变，购房积分的条款增加了，分值也增加了，但奖品则做了减法，临近兑奖时，经常不了了之。这是万科与别的公司的区别，但这小小的区别换来了万科的众多忠诚客户和良好的口碑。

其实，从满足顾客需求的角度来看，一般性的服务即必须要做到的基本服务只能让顾客没有怨言，如做不到，顾客则会产生抱怨。当基本服务做到了之后，提供一些带有附加值的服务给顾客，则会让顾客满意度提高。当然，附加服务越多，满意度就越高，没有附加服务，顾客一般不会有满意感，但也不会有不满意感。当提供的服务超出顾客期望时，顾客则会产生忠诚度，成为企业的忠诚客户。

因此，要在售楼过程中让顾客忠诚，就必须提供一些超越顾客期望的服务，就像王永庆卖米那样，提供让顾客无法拒绝你的服务，像赌城的那家公司那样，提供让顾客产生在你那里买楼是义务的服务，提供其他公司、他人没有提供的服务，远远超出顾客的期望。

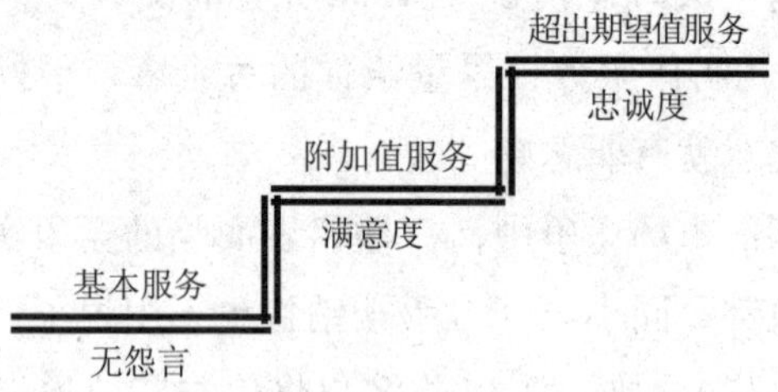

忠诚度的建立

二、 服务从小事开始

“巅峰销售无大事”。在服务顾客、销售的过程中，如果每一件小事都做好了，做到位了，则成交过程中就不会有大事发生，讲的就是这个道理。这也是为什么售楼冠军们在销售过程中，身边好像总是没有什么轰动事情发生的主要原因，良好的、优质的服务总是要求售楼代表们从小事一点一滴做起：

◇ 建立详细的客房资料档案，并完善销售、服务跟进记录；

◇ 按计划，定期、不定期进行电话访问或服务顾客；

◇ 多运用现代通讯信手段，如电话、传真、信函、E-mail、手机短信、礼仪传递等服务顾客；

◇ 准时，尊重顾客时间，迟到应提前通知并致歉；

◇ 言而有信，承诺顾客要留有余地；

◇ 把所有顾客看成是最重要的，好像是百万大客户那样对待；

◇ 把同事当成顾客，形成内部协同作业；

◇ 拒绝顾客要求时，应给予更多的选择机会；

◇ 打电话要有微笑，有音调变化；

◇ 不时提供一些额外的附加值服务顾客。

第72章 如何有效化解售楼"磨"术

在你的成交客户中，从第一次看楼开始，到该客户签约成交，最多的看过多少次楼？跟进时间最长的经历多久？同一次看楼中，接待顾客最多几位？

或许很多人一下子回答不上这些问题，或许有人平时没有注意这些细节，已经记不清楚了。但不管结果怎样，在房地产销售中，无论是在售楼过程中，还是在成交后的售后服务中，我们总会遇到一些优柔寡断、思前虑后的顾客，迟迟就某一件事不做决策，让我们的工作因此中断，效率低下；还有的时候，买家可能会"全民皆兵"，三口之家，或者三代同堂，甚至四代同堂一起来看楼，这时如果只有你一位售楼代表带看楼，会被顾客们指使地手舞足蹈，或被顾客们问得不知从何答起。这些情况我称之为顾客们的"磨术"，他们迟迟不做决策，经常用"磨蹭"来化解你的成交请求。

有一次，我接待一位20多岁的年轻男性顾客，前后带看了六个不同楼盘，他就是不满意，并且不断地要求看其他楼盘。我与同事分析该顾客的心理，有的同事就猜想他可能是同行，是专门来撬盘的，但我回想起来觉得不太像，因为，他只有在下班后以及双休日才有时间看楼，不是那种随时约看楼的。排除他是同行后，我还是耐着性子继续安排他看楼，终于在看到第八个楼盘时，他要求复看。第二次看得很仔细，并询问价格及其他一些较详细的房屋情况。凭直觉我感到他已经看上了这套房子，但他还是不动声色。

于是，第二天我决定采取逼定手法，制造一些紧张感，他对此确实“感冒”，并对我说，首期款要父母给，现在父母正好外出旅游，要三天后才回来。探知决策人不是他后，我只好耐心等待决策人回来再打算。又过了一天，他又要复看，既然顾客喜欢上了这套房屋，其实多看是无益的，我想拒绝他的请求，可他说他的女朋友要一起来，这是他们准备结婚用的房，无奈之下，只好再次复看。复看的结果却让我心凉了一截，他的女朋友对这套房子不太满意，要求再看其他房子，眼看煮熟的鸭子就要飞走了，现在连约决策人来看楼的机会都没有了，更谈不上什么逼定了。

大概在其他中介也没看到更好的房子，这位顾客又有了回头的意思，开始说怕太吵，于是，又在某天晚上和另一天下午复看过两次，要求看一下房屋西晒是否很厉害。最后，在父母的陪同下对该房屋做了最后一次考查，终于尘埃落定。这套房子的成交真是来之不易，前后共看过八个楼盘，十三次看楼，光成交的这套房子就看了六次。好在他没有说要请建筑师来考查建筑质量，及请风水大师来看风水，要不然，还不知道得多“磨”几个回合呢?

对待这种“磨功”深厚的顾客，切不可心浮气躁。如果我没有这份耐心，这位顾客不知道要到哪位心平气和的售楼代表那里成交了。在一手楼销售中，经常会遇到一些并不急于买楼的顾客，他们以楼市研究者的心态去看楼，经常看上大半年，甚至是一年都还没做决策。如果你不能心平气和、耐心十足的话，又如何能让这些研究者下定买楼呢?

顾客是我们的衣食父母，挑剔、磨蹭是他们的权力，作为一位专业的售楼代表必须有耐心、恒心去接待顾客，坚信“只要功夫深，铁棒也能磨成针”，幸运是会降临到你的头上的。

第73章

房屋销售中，顾客永远是对的吗

“顾客永远是对的”这句话最早出自何处已无法考证，但深圳洪湖沃尔玛墙上的醒目标语：“顾客永远是对的；顾客如果有错误，请参看第一条”，却让大家开始思考顾客在企业经营中的重要性。沃尔玛创始人山姆·沃顿指出：“事实上，顾客能够解雇我们公司的每个人，他们只需要到其他地方去花钱，就可以做到这一点。”由此可见，衡量企业成功与否的重要标准就是顾客，即我们的“上帝”满意的程度。

“顾客永远是对的”是许多商业服务行业奉行的一条准则，不少企业都把“顾客永远是对的”“顾客第一”“服务第一”等类似的口号列入其企业宗旨，同时，也出现在许多企业的广告创意之中。更有甚者把“顾客永远是对的”理念推至极致，撰文“爱顾客七守则”，其文如下：

第一条：顾客绝对不会有错。

第二条：如果发现顾客有错，一定是我弄错。

第三条：如果我没弄错，一定是因为我的错才害顾客犯错。

第四条：如果是顾客自己弄错，只要顾客不认错，他就没有错。

第五条：如果顾客不认错，我还坚持他有错，那就是我的错。

第六条：总之，顾客绝对不会有错，这句话绝对不会错。

第七条：顾客根本不会有错，想要讨论顾客会不会错，就是一个大错。

只要是在服务业及销售业工作的人，企业一般都会对其进行“顾客永远是对的”观念培训，教导他们不管顾客有多不讲理、多冲动、多过分，都要保持冷静，闭上嘴，绝不和顾客争吵，尽量满足顾客、安抚顾客，让顾客满意消费。然而，服务人员与顾客产生分歧和矛盾是难免的，提倡“顾客永远是对的”，就相当于规定了商家责任制。一旦顾客对商家提供的服务不满意，商家就必须承认自己的过失，承担更多的责任，而不是和顾客争执到底谁对谁错，否则“文明服务”“顾客至上”也只不过是一句空谈而已。

此外，“一样米养百样人”，服务业往往需要与顾客面对面地接触，而面对各种不同的顾客，标准化作业程序仅能维持基本的服务水准。有些顾客有时会提出过分的要求，或者故意刁难，甚至无理取闹、无事生非、鸡蛋里挑骨头等，面对这些顾客我们还能做到“顾客永远是对的”吗？到底“顾客永远是对的”这句话应如何理解及运用呢？

一、“顾客永远是对的” 是种态度

作为一个售楼代表无论在售楼过程中，还是在售楼后的服务中，都要有非常强的服务意识。买楼者是我们的衣食父母，也有极少部分买楼者会故意刁难售楼代表，处理这些事件时我们要以“顾客永远是对的”来要求自己，控制自己的情绪，不要立即与顾客发生冲突，或者立即指正顾客。每当我们濒临情绪失控的边缘时，就试着站在顾客的角度来思考，不要轻易生气。其实，在与顾客的争执中，即使你赢了，又有什么用呢？你可能赢得了争论，却永远失去了这位顾客。因此，一旦面对想争执的顾客时，我们就必须用“顾客永远是对的”态度来稳定顾客的情绪，再通过巧妙的引导，平息顾客的不满情绪。

二、 光说“顾客永远是对的” 是不够的

一天，一个老太太带着一个轮胎，来到诺兹特劳姆连锁店要求退货，她坚持说这只轮胎是这里买的，其实这家店从来就没有销售过这种轮胎。售货员很有礼貌地向她解释说我们店里面从来就没有销售过这种轮胎，你肯定是搞错了，可老太太坚持说肯定是这里买的，不满意要退货。最后，销售人员和主管商量后，决定接受“自己的轮胎”，并且态度相当好地给顾客办了“退货手续”，老太太很满意地离开了。从那以后，她就经常来这家店买东西，成了诺兹特劳姆连锁店的忠实顾客。诺兹特劳姆连锁店的服务宗旨是“顾客永远是对的，我们要为顾客做一切可能做到的事情”。在这个令人回味的故事中，事件的价值在于当顾客的确是错的时候，诺兹特劳姆还是用一种新的方式解决了顾客的问题。但是，公司还是将这个事件认定是老太太错了，只是对老太太再也没有提起这件事。

从上面这个典型的案例里，我们可以看到光说“顾客永远是对的”是不够的，那是给顾客看的，我们要做的是如何让顾客满意。我们未必一定要像案例中那样做，但在销售及服务中却应该在“如何满足顾客”上下功夫。有时，即使顾客真的错了，我们还是要尽可能地满足顾客的需求，从长远看，获益要远远大于你的付出，因为顾客会将不满意的东西四处传播。

三、“顾客永远是对的” 不能恶意损害公司利益

有极少部分顾客总是喜欢无事生非，喜欢挑企业的各种毛病。对于这些别有用心、刁蛮任性、挑三拣四的顾客，我们在处理时不能一味迁就，当然，不迁就并不意味着要与顾客争执，争执是在销售及服务中的大忌。

其实，顾客的需求各不相同，企业不可能满足所有顾客的需求，更不要说那些故意刁难的顾客了，所以，“顾客永远是对的”是要求我们努力提高服务及产品的质量以赢得顾客的信任，而不是一味迁就顾客。对那些恶意攻击企业的顾客，我们的工作就是在稳定顾客情绪的前提下，努力促使顾客放弃那些不合理的要求。

第 74 章

如何有效记住顾客的名字

“您是上星期来过的李先生吧!”如果你再度光临某楼盘销售中心或某中介店铺时，听到售楼代表这一句话，是否感到惊讶甚至很感激地认为原来他们这么关注我呢?

每个人最喜欢听到的声音就是别人叫自己的名字。心理学家认为，当听到叫自己名字时，人的内心会产生喜悦感和满足感，人们每一次听到或看到自己的名字时，就像气球被充了一次气，这将会使他们渐渐膨胀起来。在售楼过程中，你可以一而再地使用这个“工具”，顾客是永远不会厌倦的，这还可以削弱顾客的紧张心理，并缓和彼此的对立情绪。同时，也会让顾客觉得你与众不同。摩托罗拉公司认为，如果公司的服务人员/销售人员能记住企业老顾客的姓名，并在其再次光临时立即叫出他的名字，就可以有效地提高顾客的满意度。

能记住顾客的名字，每次见到顾客的时候叫出他的名字，顾客会觉得受到尊重。虽然这是一个很小的细节，却能为一个出色的售楼代表铺垫成功之路。其实，作为一个专业的售楼代表，记住别人的名字是对别人最起码的尊重，如果连最基本的礼仪都不懂，则很难在售楼工作中取得好成绩。

如何记住别人的名字呢?大多数售楼代表都知道记住别人的名字是非常重要的，是有助于自己的房屋销售的，是拉拢顾客的好方法，但是绝大多数售楼代表都会说:“我的记忆力很差，我实在记不住那么多名字。”

对于很多人来说，记住一个人的容貌并不难，可要记住一个人的名字就不那么容易了。容貌是具体的事物，有血有肉，棱角分明，在记忆的屏幕上投上影子，这是他的本能和习惯；而名字本质上是一种抽象的存在，除非把它深深地铭刻在心里，否则也没有别的办法能挽留它匆匆离去的脚步。能记住那些以前来过的顾客，很多人就觉得非常不可思议了，对于接待一次就能记住顾客名字的售楼代表，则更是令多数售楼代表佩服得五体投地。以至于在销售过程中，许多售楼代表会叹气说："我最不会记人名了，即使昨天才见过也马上忘记。"好像人的记忆力天生就有强弱之分似的。

其实，每个人都能较好地记住顾客的名字，只是大多数人没有集中精力，没有利用正确的方法罢了。这里提供几个简单的原则，教你运用你的记性去牢记别人的名字。

一、 记忆力来源于信心

记住别人的名字真的这么难吗？你想要记住很多名字吗？如果有人告诉你每记得一个人的名字就给你 100 元，你觉得很困难吗？你可能会急不可耐地查出你所遇见的每个陌生人的名字，并牢牢记住以便累积赏金吧！

其实，绝大多数人的记忆力是相近的，别人能做的，相信自己也能做到，不要老是告诉自己你记不住别人的名字，也不要抱怨自己记忆力不好，一味地抱怨只会让你懒得去记别人的名字，而不是记不住。因此，当你开始对自己说我有世界上最好的记性，能牢记很多名字，并无条件地相信这一点的时候，你就会发现你自己的记忆力原来是那么好。在与顾客的交往中，不要害怕自己会忘记别人的名字，也不要害怕会叫错别人的名字，只要你消除心中对名字的犹疑和恐惧，就能发挥应有的记忆能力。

二、 重复是记忆之母

在与顾客的交往中，要留意并尽快知道顾客的名字，必要时可以有礼貌地问："先生，请问您贵姓？"一旦知道顾客的名字，马上在心里重复念三次，以便加深印象，并反复利用各种机会，用名字来称呼顾客，这样有助于记住对方的名字，别人也会很乐意听到你提出如下的问题："可否请您再说一遍您的名字”“您的名字怎么写的”“您的名字我叫得对不对”。记住，别人的名字永远是最好听的！你尽管叫他的名字！不要不好意思问清楚别人的名字。

此外，还可根据顾客的特征多称呼几次，即使无特别理由也无所谓，只要能记住顾客的特征，其称呼自然深植在脑海中。与顾客交谈时任何话题皆可，例如，某某先生，您看起来精神非常好。

三、 联想加深记忆

当你在记顾客的名字时，应尽可能将它和你熟悉的影像或事物联想在一起。凡是你和这个人相遇的地方，和这个名字有关的事物，和你心中对这个名字的“影像”，都能帮助你记得一个人的名字。

四、 记录巩固记忆

“成功不是靠记忆，是靠记录”，要有效记住顾客的名字，在售楼过程中必须把顾客的名字及相关资料记录下来。切记“好记性不如烂笔头”。为了更好地记住顾客的名字，在提供服务过程中要专心倾听，不可三心二意，为提高记忆的效果，要不时地望着顾客的脸，记住顾客的面貌和身体特征，并且设法和他的姓名联系在一起。顾客离去时，要及时回想一下他的面貌、职业和你所给予的服务，并再次和姓名联系在一起。最后，关键要把必要内容以书面形式记录下来，并将这些顾客姓名及相关资料建顾客档案，然后将名字分类记在档案上，经常翻看你的顾客档案，并在日后做好跟进记录。这样一来，你当然会渐渐熟悉这些顾客，并牢记他们的名字。

此外，再次见面时，应用记住的名字称呼，如不能完全确认对方名字时，可以试探地问：“对不起，请问您是李先生吧?”千万不要贸然叫错顾客的名字。

第75章 强效建立良好客户关系的七大步骤

一个男孩行走在漆黑的山路上，突然，传来一阵熟悉的声音："年轻人，多捡些小石子吧，明天会派上用场的。"这个小男孩因为要赶路，于是，只顺手捡了两颗小石子，就匆匆上路了。第二天，当他掏出这两颗小石子的时候，眼前的一切让他惊呆了，原来竟是两颗闪闪发光的宝石。他后悔不已："天啊！我怎么这么傻、这么蠢呢？昨天晚上为什么不多捡一些呢？不就是多弯几次腰吗？"

一个忠诚的顾客关系就是我们售楼生涯中的一颗"小石子"，建立与维护顾客关系，需要我们"弯腰"，但顾客的忠诚却可以为我们带来意想不到的成效。在这个竞争激烈的社会中，在你的售楼人生中，难道一定要匆匆赶路，不愿或不屑多弯几次腰，多捡几颗"小石子"吗？你不会想成为第二个匆匆赶路的小男孩吧？

良好的顾客关系是售楼成功的支点。在众多的售楼代表中，不乏有人具有优雅干练的职业形象，抑或出色的销售技巧，不过这些售楼代表要想在售楼过程中游刃有余，仅靠个人形象的好坏以及个人工作技能的优劣，是完全不够的。在内外兼修的同时，售楼代表们还必须善于经营顾客关系，良好的顾客关系将为售楼代表们带来巨大的收益。

自从戴尔·卡耐基所写的《如何赢取友谊及影响他人》一书面市以来，有七个步骤被证实对建立与维护顾客关系十分有效，在我的售楼工作中，它也提供了极大的帮助。

一、 绝不批评、 抱怨或指责

在你的工作或生活中，不管发生了什么困难，绝对不要让你的顾客知道。你要表现得像是除了能够帮助你的顾客买到他想要的楼，其他都不在乎似的。对于顾客的观点、信仰等千万不要立即指正或批评，哪怕是非常错误的观点，也要先肯定可以肯定的方面，再婉转地指正。例如，顾客为了争取议价空间，向你捏造一个错误的房地产市场行情，这时，你不需要与他争论，你可以这样说："某某先生/小姐，看来你对房地产市场很有研究，的确有些地方的房地产市场现在还在走低，但不知你注意没有，我市最近几年经济发展迅速，房地产市场作为几大经济支柱之一，它的发展更是日新月异，最近一段时间已经出现走高的迹象。"

此外，要影响顾客，你必须做个乐观、积极、上进、传播欢乐的人。假如有人问起，你推销的楼盘卖得怎样？即使说谎，你也要说非常好或者好得不得了之类正面的话语，一定要让你的顾客被你的乐观情绪感染。

二、 单纯地接受

希望被他人无条件接受自己的观点，是所有顾客最深的潜意识需求之一。因此，在与顾客的交往中，你只需要微笑，并且表现温和友善，就可以表达你接受他人的态度。一般人喜欢与那些能够接受他们观点的人在一起，而不想受到任何评判或批评。在售楼过程中，你越能接受顾客，顾客也就越能接受你。

三、 赞同

任何人都喜欢听到别人对自己的肯定和称赞，这是人类潜意识里自我肯定与尊重的需要。每当你称赞并肯定顾客的所作所为时，顾客会在心里感到高兴。因此，不论在什么时候、什么场合，你都要竭力寻找机会对顾客表示赞扬及赞同。这样，你就会赢取更多顾客的心。

四、 感谢

"谢谢您"是一个非常有魔力的字眼，你感谢顾客所做的任何事，都会让顾客觉得自己有价值，让顾客对你怀有的好感得以提升。此外，感谢他人也会让你自己的自我肯定度得以提升，让你觉得更加快乐与自信，让你做事更有效率与效果。因此，在售楼过程中，你要多向你的顾客说“谢谢您”这句话。

五、 羡慕

每一个人都渴望成为别人的榜样或偶像，当一个人在某方面被别人羡慕之时，他的内心就会充满愉悦，并对被羡慕者非常乐意提供帮助。因此，在售楼过程中，你一定要细心聆听顾客的声音，留意他的每一项细小的成功事件，并对这些事件发出你由衷的羡慕之情。

六、 欣然同意的态度

顾客喜欢与志同道合的人打交道，绝对不喜欢与爱抬竹杠的人相处，哪怕是顾客错得可怜，你也不可立即把顾客的错误揪出来，如果是不影响销售的错误，你大可一笑置之；如果顾客的错误认识会影响交易，你也不可立即指正，可以先缓和气氛，再巧妙地指正。

在售楼过程中，你是要坚持自己的正确观点，还是想把楼卖出去呢？有时，你是无法兼顾这两者的，你必须从中理智选择。

七、 集中注意力

在售楼过程中，如何集中注意力是有效地与顾客建立关系的关键点，无论是聆听顾客，还是向顾客推介楼盘，你都必须集中精力，集中注意力也是对顾客最起码的尊重，没有人喜欢和一个交往时总是集中不了精力的人打交道。

第76章
让顾客乐意付款的核心秘诀

一个患者慕名来到一家著名的牙科医院拔牙，医生让他先听音乐，不知不觉，几分钟就把牙给拔出来了。到了付费之时，医生给他开了一张120美金的账单，这位患者大吃一惊，大声与医生辩解道：“有没有搞错，别的医院拔牙拔半个小时，才收20美金，你们医院才拔了3分钟，竟然要收120美金?”医生看了看这位患者，说道：“哦，是吗？那我们重新来过，我帮你拔半个小时那种，也只收20美金。”这位患者想到拔牙拔半个小时的痛苦，二话没说，就付费了。

很具有讽刺意味的是，这种类似的情况经常出现在房地产销售领域。你是否经常听到“你们做地产中介的真好，就这样介绍顾客来租房子，就可以收到一个月的佣金”等类似的话呢？有些顾客认为，中介干这么少活，拿的钱太多了。我在培训时，遇到这样一位学生，她是某银行的客户经理，有一套130多平方米的房子闲置，经地产中介介绍，成功租给了一位台湾客商，一个月的租金是4500元，她付了半个月的中介费，租客付了半个月的中介费，中介公司一共收到4500元佣金。这件事让她反思，她觉得做地产中介是一门很不错的生意，成本低，收入高。于是，她辞去了银行客户经理的工作，开始走入房地产销售培训的课堂，希望投身房地产中介工作。我在第二次培训课程中又遇到了她，这次她深深体会到了做房地产中介并非她原先想象得那样简单了。

还有一次，我遇到这样一位顾客，带他去看了一次楼，他就看上了那套房子，可到了付中介费时，他觉得他才看了一次楼，也要付3个点的中介费太贵了。于是他提出，他的朋友以前在某某大地产中介买了一套房子，前后看了将近20套房子，成交时才付了3个点的佣金。有这种看法的顾客实在不少，在他们眼里，似乎带看楼次数越多，经纪人付出的劳动就越多；相反，看楼越少，所付出的劳动就越少，他们希望根据经纪人的劳动量来付佣金。

为什么顾客会有这种想法呢?

从表面上来看，顾客的这种想法好像的确有道理，但这种表面现象永远只是冰山一角，其实，经纪人大部分的工作是在冰山之下，是顾客没有看到的。例如，真的是顾客看楼次数越多，经纪人所付出的工作就越多吗?

事实上，对于顾客来说，他们的目的是要买到自己需要的房子，看楼次数越多，他们买房子的成本就越高（这里指顾客看楼次数越多，时间越长，则顾客所付出的时间成本在增加），看楼次数越少，实际上经纪人提供的服务是越好的。顾客们只看到表面现象是经纪人付出较少的劳动，但他们没有看到，经纪人为了让顾客看一次楼就可以买到他需要的房子背后付出的艰辛劳动，他们没有看到经纪人组织盘源，修炼准确捕捉顾客需求的深厚功力，熟悉市场及楼盘等付出的庞大工作量。

如何避免这种现象的出现呢?如何让顾客们心甘情愿地掏钱支付中介佣金呢?如何让他们觉得经纪人的劳动是物有所值的呢?

其实，顾客们之所以会认为经纪人做的工作太少，就是不知道经纪人在成交背后的工作是如何的。因此，最有效的方法就是让顾客知道你为他做了些什么，为这次成交付出了多大的努力。比如，你每次跟买家打过电话或者每次把买家的开价拉高了一点时，都可以转告业主，让业主知道你为他的利益作出多少贡献；如果业主放钥匙在公司，则每带一位客人去看楼后，都需要跟业主打电话，告之相关情况，让业主知道你为他的房子付出了多少努力，而不要等到成交的那一天才告诉业主，以免他误认为你的工作实在太轻松了；又如在谈价阶段，无论哪一方对价格进行了退让，你都要让另一方知道你为了这一点价格的退让付出了很大的努力。

有一次，我受理了一宗投诉，由于买卖双方是自行交接房屋的，在交楼时，原业主没有把户口迁出，买家就把所有房款给了原业主。原业主后来不肯把户口迁出，买家小孩的户口迁不进来，无法上学。房屋的成交是我们公司介绍的，她自然就找到了我们公司，但是经办的物业顾问已经离职，当初的情况如何，无从知晓，公司委托我处理这单案子。

我在第一次接待买家王小姐的时候，她非常气愤，说一定要我们公司负责。我向她了解情况后，表示一定会协助她尽快把这件事办好。在之后的半年多里，我每个星期都会打电话追业主迁出户口事宜，并每次都把原业主的情况转告给王小姐，王小姐后来觉得我为她做了很多事，服务也做得到位（虽然我还没有帮她把户口迁进去），也很努力帮她去解决问题。她在这半年里，前后帮我介绍了三位亲戚及同事来买楼，我也在半年的时间里因为每个星期的一次电话而追踪了三宗房屋买卖。

因此，让客户知道你在为他做什么，让客户知道你在为他非常努力地工作，是非常有必要的。

第77章

如何有效解除顾客成交前的最后挣扎

有一次，在签订房地产买卖合同时，买家王先生向我讲述了他的买楼历程。原来，王先生在来我司看楼之前，曾在好友的介绍下，在另外一家著名的地产中介看上一套90多平方米，价格为40万元的三房单位，由于业主要实收40万元，业主的佣金要买家王先生代为支付，因此，王先生要支付的佣金高达1.2万元。

其实，王先生是一位做贸易的商人，1.2万元对他来说不算太多，但由于介绍王先生来这家中介公司的朋友以前也在这家公司买过房子，算是熟人生意了，因此，王先生提出自己是熟人介绍，要求给出一点佣金折扣。这家公司的物业顾问看王先生比较喜欢这套房子，就说公司规定要收这么多的，任何人都没有折扣。看到与自己谈话的物业顾问这么强势，王先生很不高兴，心想："连一点折扣都没有，也太不给面子了"，一气之下就没有再回这家中介。跟我谈话间，王先生还反复说道："连业主的佣金我都给出了，哪怕当时就让我500元，我也会好受很多，说不定就买了。"

从上述王先生的买楼经历来看，王先生是否真的很在乎经纪人能给他多少佣金折扣呢？答案很显然是否定的，那既然王先生不在乎经纪人能给他多少佣金折扣，为什么王先生最后还是不选择在那家中介买楼呢？这就涉及中国人的面子了，既然有熟人介绍，也算是熟人生意了（最起码王先生已经这样提出来了），那你就得给熟人面子，如果让人没面子，最后的结果很可能就是丢银子，毕竟谁都不愿意与一位咄咄逼人的售楼代表买楼。如果你在售楼过程中让人颜面扫地，还怎么让人掏钱跟你买楼呢？中华民族是一个很讲面子的民族，这与外国人对人与对事分开的思维是完全不同的，中国人经常把人与事放在一起，做事的优先顺序是情、理、法。从上述王先生的案例来看，集中表现了中国人的这种思维。既然王先生是熟人介绍来的，那总得讲点人情，给点面子吧，但物业顾问一句“公司规定，任何人都没有折扣”把所有的人情全给挡死了，让王先生非常没有面子，结果是不言自明了。

其实，不论是销售之中，还是售后服务，面子问题都关系到售楼人员的收入，这值得我们特别注意。上述案例中的这句“公司规定”其实是非常不给人面子的一句话，我们必须谨慎使用。

此外，我们还必须注意其他一些有关面子的事项。

一、 凡事给顾客留有面子

像上述王先生的案例，一般来说，可以在自己的职权范围内给王先生一定的折扣，让对方有面子。如果自己的职权范围或公司的规定是没有折扣的，也不能以“公司规定”“不好意思”之类的话来挡回顾客的请求，这样会让顾客没有面子。即使顾客在没有其他选择的条件下，仍然选择向你买楼，他的选择也是不情愿的，即使你以后再好的服务也很难弥补他对此事的遗憾，很难让他成为一位满意的顾客，更不用说忠诚了。

一般来说，如果真的没有折扣，你也可以用其他方面的优惠来给顾客面子，如给顾客购买家具的优惠券（有些公司有这些优惠项目）；如果顾客用来投资，在他出租房屋时，专门刊登广告；在交易时给顾客提供一些其他方面的优惠，让顾客降低交易成本。总之，你的一切所为必须让顾客觉得非常有面子，只有这样，你才会多收银子。

二、 不要用武断损害顾客面子

在销售或服务中，顾客可能举一些特殊的个案，或者编撰一些“事实”来说明情况或争取谈判空间。遇到这种情况，一些不专业的售楼代表立即反击顾客，用“这不可能”“这怎么可能”“开玩笑，哪有这样的事”

等类似的话来否定顾客，这样的回答，即使顾客明白自己说的话站不住脚，也会让他非常没有面子，从而产生离去之意。

面对这些情况，我们一定要婉转处理，先用含糊的回答来缓和顾客的情绪，再巧妙地提出自己的见解或事实。例如，一位顾客要求中介佣金打九折，并提出之前有位朋友在这里买楼，中介佣金就是打九折的。很多售楼代表一听到这句话就会说："不会吧，我们这里可从来没有打过九折的，你的那位朋友叫什么名字？"似乎一定要求证这位顾客说错了话似的，非要让顾客回答不上来。这样做，通常会让顾客没面子。如果换一种说法："是吗？这会不会是很久以前的事了，或者是其他小公司？上个月，我们经理的同学在这里买了一套房子，好像佣金也只打了九五折，这样吧，某某先生，看你这么有诚意，我向经理申请一下，无论如何我也要让他给你他权限范围内的最大折扣。"

切记：给出面子，留住银子。

第78章

如何建立售楼事业的钱脉

在今天这个竞争激烈的商业社会里，人际关系是成功的基石。不管你是才高八斗，还是技压群雄，如果人际关系不好，就很难与人合作，走向成功。怪不得社会上流行这样一句话："人脉就是钱脉"，这或许就是人际关系重要性的最好写照吧。

在销售工作中，有一些售楼代表在销售或服务过程中与客户保持着非常好的关系，但有时，往往处理不好与部门同事之间，或与公司内部员工之间的关系，从而导致工作中的小问题时有发生。

其实，在今天的社会里，在任何工作、任何岗位上，一个人的力量都是有限的，一项工作的完成往往需要几个人或更多人配合才能得以完成。因此，一个售楼代表售楼工作的成功，需要良好的客户关系，更需要良好的同事关系。只有在同事的齐心合力、相互配合下才有可能取得更好的成绩。这句"没有完美的个人，只有完美的团队"正好说明了这一点。

一个专业的售楼代表，如何处理好与同部门、不同部门同事的关系呢？售楼代表们对待任何人都要有顾客观念，只有这样，才能更融洽地处理各种关系。在工作中，下面这则《禅师与盲人》或许可以为我们带来更多的启示。

一个禅师走在漆黑的路上，因为路太黑，行人之间难免磕磕碰碰，禅师也被行人撞了好几下。他继续向前走，远远看见有人提着灯笼向他走过来，这时旁边有个路人说道："这个盲人真奇怪，明明看不见，却每天晚上打着灯笼！"禅师也觉得非常奇怪，等那个打灯笼的盲人走过来的时候，他便上前问道："你真的是盲人吗?"那个人说："是的，我从生下来就没有见过一丝光亮，对我来说白天和黑夜是一样的，我甚至不知道灯光是什么样的！"禅师更迷惑了，问道："既然这样，你为什么还要打灯笼呢？你甚至都不知道灯笼是什么样子，灯光给人的感觉是怎样的。"盲人说："我听别人说，每到晚上，人们都变成了和我一样的盲人，因为夜晚没有灯光，所以我就在晚上打着灯笼出来。"禅师感叹道："原来你所做的一切都是为了别人！"盲人沉思了一会儿，回答说："不是，我为的是自己！"禅师愈加迷惑，问道："为什么呢?"盲人答道："你刚才过来有没有被别人碰撞过?"禅师说："有呀，就在刚才，我被两个人碰到了。"盲人说："我是盲人，什么也看不见，但我从来没有被人碰到过。因为我的灯笼既为别人照了亮，也让别人看到了我，这样他们就不会因为看不见而撞到我了。"禅师顿悟，感叹道："我辛苦奔波就是为了找佛，其实佛就在我的身边啊！"

其实在我们的工作与生活中也一样，当你"点灯"照亮别人的同时，更照亮了自己。因此，在工作中我们要懂得付出，不要为一些鸡毛蒜皮的小事斤斤计较，要有一种乐施的精神，先帮助别人，而后所有人帮助你。就好像许多500强企业推崇的这句"你想别人怎样待你，你就先怎样待别人"那样，先好好对待别人，自然也就会得到别人好好对待的回报。

此外，要赢取良好的同事关系，还必须遵守如下原则：

◇ 诚实守信原则（诚信是人际关系的基石）；

◇ 互赖原则（相信团队的力量，工作需要团队作战）；

◇ 分享原则（学会与同事一起分享成功的经验）；

◇ 坚持原则（任何好的习惯都要坚持）；

◇ 用"心"原则。

中国房地产中介培训中心课程介绍

（专注！专一！专业化！www. ori. net. cn）

《穿越发展期——地产中介股权激励与薪酬设计》

课程1：现阶段地产中介股权激励概况

课程2：地产中介股权激励实操指引

（1）地产中介成功创业的666法则

（2）成长期地产中介股权激励设计的原则与实践（解剖××地产，案例分析）

（3）成熟期地产中介股权激励探索（大量案例）（管理层上市期权激励）

课程3：地产中介薪酬设计制胜原理及实操指引

课程4：地产中介薪酬设计现场指导

《区域突围——区域总监高效经营管理实战训练》

第1部分：区域总监的角色定位

第2部分：区域总监的业务管理实务

第3部分：区域总监的人力资源管理实务

第4部分：区域总监的激励管理实务

第5部分：区域总监的品质管理实务

第6部分：区域总监的成长之路

《区域霸主——快速提升市场份额，打造区域强势品牌》

一、生存篇：我们靠什么活得更好！

全新经营思维/数一数二原则/竞争环境/超越竞争

《基业长青——地产中介培训体系复制》

体系①：经纪人岗位标准化培训模块（15天内容）

体系②：新兵战斗营标准化培训模块（12大课程）

体系③：金牌经纪人技巧提升训练模块（10大课程）

体系④：储备店长管理基础特训模块（10大课程）

体系⑤：精英店长管理技能提升模块（8大课程）

体系⑥：高级店长卓越管理特训模块（8大课程）

体系⑦：店务主管技能特训模块（6大课程）

体系⑧：交易按揭、风险管控模块（6大课程）

体系⑨：会议管理/领导力/执行力/团队建设模块

体系⑩：中高层管理者自我修炼模块

《功夫店长——快速打造超级战斗力门店》

单元1：开单管理的两大关键

单元2：提升经纪人战斗力的“四个冲程”

单元3：提升经纪人核心战斗力的CSP体系

二、竞争篇：如何赢得井冈山的斗争？ 定位三角形/对立原则/单点发力/四大战术 三、布局篇：布局决定结局，抢占竞争制高点 开店四定——战胜对手的关键因素分析 四、包装篇：店铺设计包装，在形象识别上超越对手 包装秘诀；门面包装“最”原则；店内包装八要素定感觉；网络包装四大要诀 **《赢在店长——打造门店业绩倍增的4R执行体系》** 课程1：门店业绩倍增4R执行系统（上） 课程2：门店业绩倍增4R执行系统（下） 课程3：如何经营及管理分行人才 课程4：店长工作日志 **《九段秘书——地产中介门店秘书管理高级研修班》** 九段秘书的六大心态/目标管理能力/职业形象塑造 成本控制能力/职场基本礼仪/沟通协调能力 高效表达能力/321量化管理/高效档案管理 分行秘书的工作焦点/会议、活动组织能力 计划管理能力/门店秘书开门五件事/关门四件事	单元4：提升经纪人服务力的服务管理 单元5：开单关键点控制 单元6：门店工作氛围的管理 **《门店教练——地产终极店长（培训讲师）魔鬼训练营》** 培训大师成功的培训秘诀 世界最有影响力的培训演讲技巧与系统方法 最有效的顶级说服力秘诀 怎样在三分钟内让自己魅力四射、语惊四座 如何选定销售案例，如何使销售案例更具培训穿透力 在门店如何辅导新人快速成长 封闭式“魔鬼训练”，让你的培训能力脱胎换骨 **《开单也疯狂——二手楼优势售楼创新技巧训练营》** 如何在30秒内吸引顾客注意力 电话中让买家不好说“不”的艺术 如何有效引爆顾客购买情绪 匪夷所思的第三人需求挖掘 如何提高楼盘介绍时的穿透力 放价的原则及技巧分析 逼定的艺术及尺度 善意引导式成交的艺术 反败为胜的转介绍法则 有效突破置业者心理防线的谈价优势法则